CENT CINQUANTENAIRE

1846 · 19 96

ÉCOLE FRANÇAISE D'ATHÈNES

Εικ. *** — Μάλια, πρόπλασμα της Συνοικίας «Μ» (1 : 100).

ΟΔΗΓΟΣ ΤΩΝ ΜΑΛΙΩΝ

Η ΣΥΝΟΙΚΙΑ « Μ »

ÉCOLE FRANÇAISE D'ATHÈNES

Sites et monuments

© École française d'Athènes, 1996

ISBN 2-86958-088-6

ΓΑΛΛΙΚΗ ΑΡΧΑΙΟΛΟΓΙΚΗ ΣΧΟΛΗ ΑΘΗΝΩΝ

———

SITES ET MONUMENTS XIII

ΟΔΗΓΟΣ ΤΩΝ ΜΑΛΙΩΝ

τα παλαιοανακτορικά χρόνια

Η ΣΥΝΟΙΚΙΑ «Μ»

από τον

Jean-Claude POURSAT

με τη συνεργασία του

Martin SCHMID

αρχιτέκτονα

Μετάφραση

Βάννα ΧΑΤΖΗΜΙΧΑΛΗ†

ÉCOLE FRANÇAISE D'ATHÈNES
Didotou 6   GR-106 80 ATHÈNES
Dépositaire :
DE BOCCARD ÉDITION-DIFFUSION
11, rue de Médicis   F-75006 PARIS

———

1996

Εικ. **** — Αεροφωτογραφία της Συνοικίας «Μ».

ΕΙΣΑΓΩΓΗ

Ο μινωικός χώρος των Μαλίων προσφέρει σήμερα στον επισκέπτη τα καλύτερα σωζόμενα λείψανα της λεγόμενης «παλαιοανακτορικής*[1]» περιόδου στην Κρήτη (2000-1700 π.Χ.). Όπως στην Κνωσό ή στη Φαιστό, έτσι και στα Μάλια μια πραγματική πόλη με το οδικό δίκτυο και τις συνοικίες της διαδέχεται γύρω στο 2000, στις αρχές της Μεσομινωικής περιόδου, ένα λιτό αγροτικό συνοικισμό της Πρωτομινωικής περιόδου, ενώ ταυτόχρονα ιδρύεται το πρώτο ανάκτορο στο υψηλότερο σημείο του χώρου. Η Συνοικία «Μ», που βρίσκεται σχεδόν 300 μ. δυτικά του ανακτόρου, αποτελεί το μεγαλύτερο έως σήμερα αρχιτεκτονικό συγκρότημα της εποχής αυτής (προμετωπίδα).

Η παλαιοανακτορική* περίοδος

Τα ανάκτορα, που εμφανίζονται στην Κρήτη γύρω στο 2000 π.Χ., σηματοδοτούν την απαρχή ενός νέου πολιτικού και οικονομικού συστήματος, του «ανακτορικού συστήματος», που θα διατηρηθεί στην Κρήτη, και κατόπιν στη μυκηναϊκή Ελλάδα, έως το 1200 π.Χ. περίπου. Τα ανάκτορα αυτά αποτελούν την κατοικία του ηγεμόνα και έχουν μια καθορισμένη αρχιτεκτονική δομή που χαρακτηρίζεται κυρίως από την παρουσία μιας ορθογώνιας κεντρικής αυλής. Στην Κρήτη είναι γνωστά τέσσερα ανάκτορα : της Κνωσού, των Μαλίων, της Φαιστού και της Ζάκρου· το καθένα από αυτά είχε υπό τον έλεγχό του μια επαρχία : η επικράτεια των Μαλίων περιελάμβανε πιθανώς το οροπέδιο του Λασηθίου, τα παράλια του κόλπου του Μιραμπέλλου και ίσως να έφθανε μέχρι τη νότια ακτή.

Την περίοδο αυτή σημειώνεται στην Κρήτη η αρχή ενός λαμπρού και εκλεπτυσμένου πολιτισμού. Γύρω από τα ανάκτορα, τεχνίτες και καλλιτέχνες κατασκευάζουν πολυτελή αντικείμενα για τους επίλεκτους της εξουσίας· είναι η

---

(1) Οι αστερίσκοι* παραπέμπουν σε γλωσσάριο στο τέλος του Οδηγού (σελ. 58).

εποχή της καμαραϊκής κεραμεικής, της ανάπτυξης της μεταλλοτεχνίας, της σφραγιδογλυφίας και της λιθοτεχνίας. Οι ηγεμόνες της Κρήτης αναπτύσσουν δεσμούς με τα μεγάλα γειτονικά κράτη : κρητικά αγγεία εξάγονται στην Αίγυπτο, ενώ πινακίδες από την Ανατολή αναφέρουν την παρουσία κρητών εμπόρων στην Ουγκαρίτ (Ras Shamra), στα παράλια της Συρίας. Παράλληλα εμφανίζεται η γραφή, απαραίτητη πλέον μετά την ανάπτυξη της οικονομίας και των συναλλαγών : η ιερογλυφική γραφή* της Κρήτης (που συνυπάρχει σε ορισμένες θέσεις με τη λεγόμενη γραμμική Α* γραφή) χρησιμοποιείται για την καταγραφή λογαριασμών και την καταχώρηση αντικειμένων σε καταλόγους. Οι πόλεις μεγαλώνουν και, γύρω στο 1900 (αρχές της ΜΜ ΙΒ περιόδου), καθώς και αργότερα γύρω στο 1800 (αρχές της ΜΜ ΙΙΒ περιόδου), πραγματο-ποιούνται σημαντικά οικοδομικά προγράμματα.

Χρονολογικός πίνακας

2000	Πρωτομινωική		Προανακτορική περίοδος *Ίδρυση του ανακτόρου*
1900	Μεσομινωική Ι	A	Παλαιοανακτορική* περίοδος
1800		B	*Οικοδόμηση της Συνοικίας «Μ»*
1700	Μεσομινωική ΙΙ		*Ολοκληρωτική καταστροφή*

Γύρω στο 1700 καταστρέφονται τα πρώτα ανάκτορα και οι πόλεις που τα περιβάλλουν, είτε από σεισμούς, φαινόμενο συνηθισμένο στο τμήμα αυτό της Μεσογείου, είτε από πολεμικές συρράξεις, ως αποτέλεσμα εσωτερικών ανταγωνισμών. Είναι το τέλος της λεγόμενης «παλαιοανακτορικής*» περιόδου.

Τα Μάλια στην παλαιοανακτορική* περίοδο

Η μερική μετατόπιση των συνοικιών κατά τη διάρκεια της ανοικοδόμησης που σημειώνεται στις αρχές της επόμενης περιόδου — «νεοανακτορικής περιόδου» (1700-1450 περίπου) — και η παντελής σχεδόν απουσία από το χώρο οικοδομημάτων μεταγενέστερων της μινωικής εποχής, είναι οι λόγοι της εξαιρετικής διατήρησης ορισμένων παλαιοανακτορικών* οικοδομικών συνόλων στα Μάλια. Έτσι, από το 1920 οι αρχαιολόγοι της Γαλλικής Αρχαιολογικής Σχολής Αθηνών έφεραν στο φως πολλούς τομείς της πόλης, διαδεχόμενοι τον έλληνα αρχαιολόγο Ι. Χατζηδάκι, ο οποίος, ήδη από το 1915, είχε αρχίσει τις έρευνες στη θέση του ανακτόρου. Ορισμένα συγκροτήματα επιχώθηκαν μετά την ανασκαφή και δεν είναι πλέον ορατά, όπως η Έπαυλη «Α», η Συνοικία «Γ», η Οικία «Θ» και το ΜΜ ΙΙ Ιερό· άλλα είναι σήμερα προσιτά στο κοινό, όπως η Υπόστυλη* Κρύπτη και η Αγορά, η Νεκρόπολη του Χρυσόλακκου και, πρόσφατα, η Συνοικία «Μ». Τα κτήρια αυτά επιτρέπουν να σκιαγραφηθεί η εικόνα μιας μινωικής πόλης, όπως αυτή υπήρξε στους πρώτους αιώνες της δεύτερης χιλιετίας (εικ. **).

Η μινωική πόλη των Μαλίων (η αρχαία ονομασία παραμένει άγνωστη) αναπτύχθηκε πάνω σε ένα ελαφρά υψωμένο πλάτωμα, που περιβάλλεται στα βορειοδυτικά από τα απότομα βράχια της ακτής, στα ανατολικά από μια ζώνη ασβεστολιθικού βραχώδους εδάφους και στα νοτιοδυτικά από μια μικρή κοιλάδα που καταλήγει στη σημερινή αμμώδη παραλία, εκεί όπου βρισκόταν πιθανώς η θέση ενός αρχαίου λιμανιού. Το ανάκτορο καταλάμβανε τη δεσπόζουσα θέση σε υψόμετρο 15 μ. Στις πλαγιές του πλατώματος, από την παραλία μέχρι την περιοχή του ανακτόρου, εκτείνεται η οικιστική ζώνη, ενώ στα βόρεια και τα ανατολικά σειρές από λίθους μεγάλου μεγέθους (από τις οποίες σώζονται μόνον ορισμένα τμήματα σε κακή κατάσταση) φαίνεται να καθορίζουν τα όρια της παλαιοανακτορικής* πόλης. Στα νότια του ανακτόρου, άλλες κατοικίες κάλυπταν τις πλαγιές του βραχόλοφου της Συνοικίας «Ε», ενώ στα βορειοανατολικά, σε αρκετή απόσταση από τον κυρίως οικισμό, μια αραιοκατοικημένη ζώνη εκτεινόταν πιθανότατα γύρω από τον όρμο της Αγίας Βαρβάρας. Στα νότια, στην κορυφή του Προφήτη Ηλία, πρέπει να υπήρχε ήδη από αυτή την περίοδο ένα μικρό ιερό. Οι νεκροπόλεις (Χρυσόλακκος, «οστεοφυλάκια», νησάκι του Χριστού) εκτείνονταν κατά μήκος της παραλίας.

Η Συνοικία «Μ»

Η Συνοικία «Μ» — κάθε τομέας της μινωικής πόλης σημειώνεται με ένα γράμμα του ελληνικού αλφαβήτου — άρχισε να ανασκάπτεται το 1965 και η εξερεύνησή της δεν έχει ακόμη ολοκληρωθεί. Έχει αποκαλυφθεί σε έκταση μεγαλύτερη από 3000 τ.μ. και πρόκειται για το σημαντικότερο μέχρι σήμερα γνωστό συγκρότημα της παλαιοανακτορικής* περιόδου. Δεν πρόκειται για ένα συνηθισμένο οικιστικό συγκρότημα : στην πραγματικότητα έχουμε εδώ ένα δεύτερο διοικητικό κέντρο κοντά στο ανάκτορο. Αποτελείται, σύμφωνα με τη σημερινή εικόνα των ανασκαφών, από δύο μεγάλα οικοδομήματα (Α και Β), που περιβάλλονται από επτά μικρότερα κτήρια, εκ των οποίων πέντε ταυτίστηκαν με κατοικίες τεχνιτών (Εργαστήριο C, Εργαστήριο Σφραγιδογλυφίας, Εργαστήριο Κεραμέα, Εργαστήριο Χαλκουργού, Νότιο Εργαστήριο). Ο ακριβής προορισμός των δύο άλλων κτηρίων (Κτήρια D και Ε) παραμένει αβέβαιος. Τα κτίσματα αυτά, που οικοδομήθηκαν γύρω στις αρχές της λεγόμενης Μεσομινωικής ΙΙ περιόδου (1800), καταστράφηκαν από μια μεγάλη πυρκαγιά στα τέλη της ίδιας περιόδου (γύρω στο 1700), συγχρόνως με το ανάκτορο και τα άλλα τμήματα της πόλης.

Το ενδιαφέρον του συγκροτήματος αυτού έγκειται κατ' αρχήν στην κατάσταση διατήρησής του, που είναι πολύ καλύτερη από εκείνην των άλλων ανασκαφέντων οικοδομημάτων της ίδιας περιόδου στο χώρο. Οι τοίχοι των δύο κυριοτέρων κτηρίων (Α και Β), κτισμένοι κυρίως από ωμές πλίνθους, κατέρρευσαν με την πυρκαγιά και σχημάτισαν ένα στρώμα καταστροφής ιδιαίτερα συμπαγές, που «σφράγισε» το σύνολο των λειψάνων. Αυτό επέτρεψε να αποκαλυφθεί, είτε στη θέση του είτε πεσμένο από τον όροφο, ένα πλούσιο σύνολο αρχαιολογικών ευρημάτων, δείγματα των οποίων εκτίθενται στο Μουσείο Ηρακλείου : πολλές εκατοντάδες πήλινων αγγείων με καλά διατηρημένη διακόσμηση, λίθινα αγγεία, εργαλεία και όπλα από μέταλλο, σφραγίδες και, κυρίως, υλικό αρχείων* (πινακίδες, πήλινα σφραγίσματα) με επιγραφές σε κρητική ιερογλυφική γραφή*.

Ένα δεύτερο σημείο που συγκεντρώνει το ιδιαίτερο ενδιαφέρον της συνοικίας έγκειται στην ίδια τη φύση των κτηρίων που τη συγκροτούν. Τα δύο κτήρια Α και Β, ασυνήθιστα μεγάλων διαστάσεων (840 και 540 τ.μ.), είναι τα μοναδικά στην Κρήτη, εκτός από τα ανάκτορα της Κνωσού και των Μαλίων, που έδωσαν αρχειακά τεκμήρια με ιερογλυφική γραφή*. Πρόκειται ίσως για επίσημα οικοδομήματα, κατοικίες υψηλά ισταμένων προσώπων που θα πρέπει να είχαν μια σχετική αυτονομία από την κεντρική εξουσία. Η αρχιτεκτονική τους πρωτοτυπεί σε πολλά σημεία και μας δίνει πιθανότατα την πιο σαφή εικόνα της αρχιτεκτονικής κατά την παλαιοανακτορική* περίοδο : αυλές με πλακόστρωτες στοές*, κίονες* και πεσσοί*, δωμάτια με μεγάλα ανοίγματα, φωταγωγοί*, υπόγεια δεξαμενή καθαρμών* και σειρές αποθηκών*, αποτελούν τα πρώτα δείγματα των χαρακτηριστικών στοιχείων της αρχιτεκτονικής της επόμενης περιόδου. Τέλος, οι κατοικίες των τεχνιτών γύρω από τα κεντρικά οικοδομήματα προσφέρουν μια μοναδική μαρτυρία για τις δραστηριότητες και τις συνθήκες ζωής των μινωιτών τεχνιτών αυτής της περιόδου.

Η προστασία των αρχιτεκτονικών καταλοίπων

Οι πλινθόκτιστοι και πηλόκτιστοι τοίχοι, τα χρωματισμένα κονιάματα* που τους κάλυπταν, καθώς και τα δάπεδα των δωματίων, είναι ιδιαίτερα ευπαθή· οι πλίνθοι των τοίχων ψήθηκαν μόνο εν μέρει στη διάρκεια της τελικής πυρκαγιάς της Συνοικίας «Μ» και εύκολα διαβρώνονται από τη βροχή· όσο για τα κονιάματα* δεν είναι στερεά

Εικ. 1. — Η Συνοικία «Μ» και το προστατευτικό στέγαστρο.

προσκολλημένα στις παρειές των τοίχων, με αποτέλεσμα να παρουσιά-
ζουν ρωγμές και να κονιορτοποιούνται.

Για να προστατευθούν τα αρχιτεκτονικά κατάλοιπα, έπρεπε είτε να
καταχωθούν αμέσως μετά την ανασκαφή (αλλά αυτό δεν θα επέτρεπε
ούτε τη συνέχιση της μελέτης ούτε την παρουσίασή τους στο κοινό), είτε
να προστατευτούν με ένα στέγαστρο και παράλληλα να στερεωθούν τα
τμήματα που είχαν υποστεί τη μεγαλύτερη φθορά.

Χρησιμοποιήθηκαν λοιπόν, σε όλη τη διάρκεια της ανασκαφής, προ-
σωρινά χαμηλά στέγαστρα από φύλλα πλαστικού στερεωμένα πάνω σε
ελαφρύ μεταλλικό σκελετό, που τοποθετήθηκε απευθείας πάνω στα αρ-
χαία κτίσματα.. Παράλληλα, οι εργασίες συντήρησης, αυστηρά περιο-
ρισμένες στα τμήματα που απειλούντο άμεσα, επικεντρώθηκαν στη στε-
ρέωση των τοίχων και των επιχρισμάτων*.

Μόνο το 1990 έγινε δυνατή η εγκατάσταση ενός μόνιμου στέγαστρου
(εικ. 1), που επιτρέπει την επίσκεψη των κύριων τμημάτων του συ-
γκροτήματος, ενώ παράλληλα εξασφαλίζει την προστασία τους. Το
στέγαστρο αποτελείται από τόξα αντικολλητής ξυλείας (υλικό ανθεκτικό
στο αλάτι που περιέχει η ατμόσφαιρα), τα οποία εδράζονται πάνω σε
πέδιλα από σκυρόδεμα. Το προτέρημα των τόξων αυτών είναι ότι έχουν

μεγάλα ανοίγματα και δεν χρειάζονται ενδιάμεσα υποστυλώματα, τα οποία θα έπρεπε να τοποθετηθούν ανάμεσα στα ερείπια. Η σκεπή, που στηρίζεται πάνω στον ξύλινο σκελετό, αποτελείται από διαφανή διπλά πολυκαρβονικά φύλλα.

Συνολικά το στέγαστρο προστατεύει μια επιφάνεια 2710 τ.μ. Δύο μεγάλες κατασκευές μέ τόξα ανοίγματος 38 μ. καλύπτουν αφενός το Κτήριο Α, αφετέρου τα Κτήρια Β και D ακολουθώντας το διαφορετικό προσανατολισμό τους. Οι κατασκευές αυτές συνεχίζονται με μικρότερα τόξα που προστατεύουν τα βόρεια εργαστήρια και το Κτήριο Ε. Στη νότια πλευρά, τόξα κάθετα προς τα προηγούμενα χρησιμεύουν για την αντιστήριξή τους και συγχρόνως καλύπτουν τα εργαστήρια του νότιου τμήματος. Οι όγκοι που δημιουργούνται τελικά δεν θυμίζουν βέβαια σε τίποτα τη μινωική αρχιτεκτονική, αλλά οι καμπυλόγραμμες αυτές κατασκευές σκοπό είχαν να εγγραφούν στο τοπίο και να εναρμονισθούν με τις καμπύλες των γύρω βουνών.

ΣΥΝΟΙΚΙΑ «Μ» : ΞΕΝΑΓΗΣΗ

Αφήνοντας πίσω το Ανάκτορο και την Υπόστυλη* Κρύπτη (βλ. περιγραφή σελ. 53) και περνώντας από το βόρειο μέρος μιας αναστηλωμένης μινωικής οικίας (Οικία ΔΑ), φτάνει κανείς στο πλάτωμα της ΒΑ γωνίας της συνοικίας, απ' όπου αρχίζει η ξενάγηση.

Στο τέλος του οδηγού υπάρχει μια αναδιπλούμενη γενική κάτοψη της συνοικίας, όπου σημειώνονται με χρώματα τα διάφορα κτήρια που την απαρτίζουν. Τα δωμάτια είναι αριθμημένα με λατινικούς αριθμούς, που συνοδεύονται από αραβικούς (ή από ένα γράμμα του αλφαβήτου για τις θέσεις των κλιμάκων) : π.χ. δωμάτιο III 17, κλίμακα II Α. Οι λατινικοί αριθμοί δηλώνουν αρχιτεκτονικές μονάδες (καταρχήν το σύνολο των δωματίων ενός επιπέδου, στο οποίο η πρόσβαση γινόταν από μία και μοναδική μικρή αυλή ή έναν προθάλαμο), που αντιστοιχούν σε μια οικία ή ένα μεγάλο τομέα ενός από τα κύρια κτήρια (I, II και III : τομείς του Κτηρίου Α· IV, V : τομείς του Κτηρίου Β· VI : Εργαστήριο C· VII : Κτήριο D· VIII : Εργαστήριο Κεραμέα· IX : Εργαστήριο Σφραγιδογλυφίας· Χ : Εργαστήριο Χαλκουργού· XI : Νότιο Εργαστήριο· XII : Κτήριο Ε).

Στη διάρκεια της επίσκεψης γίνεται συχνά αναφορά στα σημεία του ορίζοντα· πρέπει να σημειωθεί ότι τα κύρια τόξα του προστατευτικού στεγάστρου, όπως και η κρεμαστή πεζογέφυρα, είναι προσανατολισμένα σχεδόν ακριβώς στον άξονα Ανατολή (ανάκτορο) - Δύση (θάλασσα).

Στο σχεδιασμό της περιήγησης έχει ληφθεί σοβαρά υπόψη η προστασία των ερειπίων και οι δυνατότητες πρόσβασης : παρακάμπτεται το βόρειο τμήμα της συνοικίας και μόνο μια πεζογέφυρα διασχίζει το κεντρικό τμήμα του Κτηρίου Α, προσφέροντας μια θαυμάσια θέα προς αυτό. Επειδή τα δάπεδα είναι ευπαθή, απαγορεύεται η άμεση πρόσβαση στα δωμάτια.

ΤΑ ΕΡΓΑΣΤΗΡΙΑ ΤΟΥ ΒΟΡΕΙΟΥ ΤΟΜΕΑ

Οι τρεις οικίες περιορισμένων διαστάσεων που αποκαλύφθηκαν στα βόρεια του Κτηρίου Α ανήκουν σε τεχνίτες· χάρη στα αντικείμενα που βρέθηκαν στις οικίες αυτές, έγινε δυνατός ο προσδιορισμός της κύριας ασχολίας του κάθε τεχνίτη : στα νότια (τομέας Χ) βρισκόταν η οικία ενός μεταλλουργού, δυτικά (τομέας VIII) ενός κεραμέα και βορειότερα (τομέας IX) ενός σφραγιδογλύφου. Οι τεχνίτες ζούσαν εκεί με τις οικογένειές τους, δίπλα στα μεγάλα οικοδομήματα (Κτήρια Α και Β), από τα οποία και εξαρτόνταν. Ένα από τα δωμάτια κάθε οικίας φαίνεται ότι προοριζόταν για εργαστηριακές δραστηριότητες ή για την αποθήκευση εργαλείων.

Άλλες ανάλογες οικίες-εργαστήρια βρίσκονταν από την άλλη πλευρά του Κτηρίου Α, στα νότια (βλ. παρακάτω, σελ. 36).

Εικ. 2. — Μήτρα μεταλλουργού.

ΤΟ ΕΡΓΑΣΤΗΡΙΟ ΤΟΥ ΧΑΛΚΟΥΡΓΟΥ

Θα δούμε πρώτα τα ισχνά λείψανα του Εργαστηρίου του Χαλκουργού (τομέας Χ). Πρόκειται για την κατοικία μιας οικογένειας· από ένα δωμάτιο του πρώτου ορόφου (πάνω από το Χ 4) είχαν καταπέσει τα εργαλεία ενός μεταλλουργού : μια μεγάλη λίθινη μήτρα (εικ. 2) για την κατασκευή σμιλών και αξινών, καθώς και τμήματα από μήτρες για διπλούς πελέκεις και διάφορα άλλα εργαλεία.

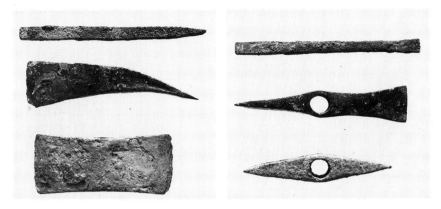

Εικ. 3. — Σμίλη, σκαλίδα και διπλός πέλεκυς από ορείχαλκο.

Στο ισόγειο της οικίας υπήρχε ένας προθάλαμος στα βορειο-ανατολικά (Χ 1) και ένα δωμάτιο κατοίκησης (Χ 2) που συνδεόταν μέσω μιας κλίμακας από πηλόχωμα (δεν σώζεται σήμερα) με ένα μικρό υπόγειο χώρο (Χ 3)· στην ανατολική πλευρά του υπογείου αυτού, πάνω σε ένα ψηλό πεζούλι ήταν τοποθετημένοι ένας πίθος* και ένας μικρός πήλινος ληνός. Τα δωμάτια Χ 4 και Χ 5 ήσαν ημιυπόγεια, που χρησίμευαν και ως κελλάρια· το Χ 4 επικοινωνούσε με τον εξωτερικό χώρο από μια χαμηλή θύρα, στο κατώφλι της οποίας είχε λαξευτεί μια γούρνα με δύο κοιλότητες (βλ. παρακάτω, σελ. 44). Στον όροφο βρίσκονταν και άλλα δωμάτια κατοίκησης στεγασμένα με μικρές ταράτσες· στο χώρο Χ Β υπήρχε πιθανότατα μια κλίμακα. Στη νοτιοανατολική γωνία, οι τοίχοι των χώρων Χ 4 και Χ 5 έχουν παραβιαστεί από τη γωνία ενός μεταγενέστερου κτηρίου.

Η μεταλλοτεχνία

Στην παλαιοανακτορική* περίοδο τα Μάλια ήταν ασφαλώς ένα από τα κύρια μινωικά κέντρα μεταλλοτεχνίας, τόσο για την κατεργασία του χαλκού και των κραμάτων του, όσο και για τη χρυσοχοΐα.

Η κατεργασία του χαλκού και του ορείχαλκου

Πολλά αντικείμενα από χαλκό και ορείχαλκο, αγγεία και εργαλεία, βρέθηκαν στη Συνοικία «Μ». Τρεις μεγάλοι τριποδικοί χάλκινοι λέβητες (εικ. 27), οι παλαιότεροι γνωστοί στην Κρήτη, εντοπίστηκαν στο

16

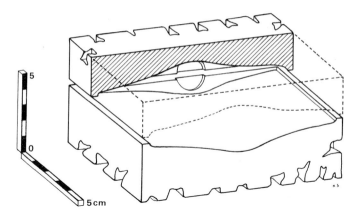

Εικ. 4. — Μήτρα για διπλούς πελέκεις (Ανάκτορο Μαλίων).

Εργαστήριο C, κρυμμένοι κάτω από το δάπεδο μιας αποθήκης* (VI 1, βλ. παρακάτω, σελ. 37)· αποτελούνται από ορειχάλκινα σφυρήλατα και καρφωτά φύλλα με χυτά πόδια και λαβές (Μουσείο Ηρακλείου). Ένα μεγάλο χάλκινο ημισφαιρικό αγγείο με δύο λαβές προέρχεται από το Κτήριο Β (IV 4).

Η τεχνική της χύτευσης χρησιμοποιήθηκε για τα περισσότερα εργαλεία και όπλα, όπως σμίλες ξυλουργών, διπλοί πελέκεις (εικ. 3), αιχμές δοράτων, εγχειρίδια. Οι μήτρες, όπως αυτές που γνωρίζουμε ήδη από άλλες αιγαιακές θέσεις της Πρώιμης Εποχής του Χαλκού, είναι κατασκευασμένες από σχιστόλιθο· μπορεί να είναι απλές ή σύνθετες, όπως εκείνη που βρέθηκε στο Εργαστήριο του Χαλκουργού και επέτρεπε να κατασκευάζονται συγχρόνως, από τη μια πλευρά της, τρεις σμίλες διαφορετικών διαστάσεων· για αντικείμενα με μεγαλύτερο πάχος, όπως οι διπλοί πελέκεις, οι μήτρες κατασκευάζονταν σε δύο κομμάτια : τα δύο τμήματα της μήτρας συνδέονταν με ταινίες χαλκού και κατόπιν το μέταλλο χυνόταν στην κοιλότητα με τη βοήθεια πήλινης χοάνης. Καλά διατηρημένες μήτρες για διπλούς πελέκεις, ανάλογες με εκείνες της Συνοικίας «Μ», ανακαλύφθηκαν στο Ανάκτορο, στα βόρεια του τομέα III (εικ. 4)· ανήκουν στα κατάλοιπα ενός άλλου εργαστηρίου μεταλλοτεχνίας, χρονολογούμενου στην επόμενη περίοδο (ΜΜ III), και εκτείθενται στο Μουσείο Ηρακλείου. Κανένας μεταλλουργικός κλίβανος αυτής της περιόδου δεν βρέθηκε στην Κρήτη. Ωστόσο, στη Συνοικία «Μ», κοντά στο Εργαστήριο του Χαλκουργού και στο Εργαστήριο C, βρέθηκαν πολλά πήλινα «φυσερά» : πρόκειται για μικρούς πήλινους σωλήνες που εφάρμοζαν στα τοιχώματα των κλιβάνων για να προσφυσάται αέρας προς την εστία, πιθανώς με τη βοήθεια καλαμιών. Η προέλευση του μετάλλου που χρησιμοποιούσαν δεν έχει ακόμη εξακριβωθεί. Ένα μεγάλο μέρος εισαγόταν πιθανώς υπό μορφή ταλάντων : ο κασσίτερος προερχόταν από την Ανατολή (οι πινακίδες βεβαιώνουν την παρουσία ενός Κρητικού που είχε έρθει στην Ουγκαρίτ για να προμηθευτεί κασσίτερο), ενώ ο χαλκός, ο μόλυβδος και το ασήμι από την Αττική, αν λάβουμε υπόψη μας τις πρόσφατες χημικές αναλύσεις. Ένα μικρό κομμάτι μεταλλεύματος μολύβδου (γαληνίτης), καθώς κι ένα κομμάτι μεταλλεύματος χαλκού βρέθηκαν πάντως στη Συνοικία «Μ». Τα κράματα χαλκού-κασσίτερου (ορείχαλκος) και χαλκού-μολύβδου χρησιμοποιούνται παράλληλα με τον καθαρό χαλκό, σε αναλογία που εξαρτάται από τον τύπο του αντικειμένου που θέλουν να κατασκευάσουν· οι αιχμές δοράτων που βρέθηκαν στη Συνοικία «Μ» περιέχουν περίπου 9% κασσίτερο.

Η χρυσοχοΐα

Τα κυριότερα δείγματα χρυσοχοΐας της παλαιοανακτορικής* περιόδου προέρχονται από τα Μάλια : αναφέρουμε το κόσμημα με τις μέλισσες από το Χρυσόλακκο (εικ. 39) και τα τελετουργικά ξίφη (μεταξύ των οποίων και το λεγόμενο «του ακροβάτη»), για τα οποία χρησιμοποιήθηκαν νέες τεχνικές στην Κρήτη, όπως η κοκκίδωση*. Το εγχειρίδιο με τη χρυσή διάτρητη λαβή της Συνοικίας «Μ» (εικόνα οπισθόφυλλου) ήταν κοσμημένο με ενθέσεις, πιθανόν από ημιπολύτιμες πέτρες ή χρωματιστή υαλόμαζα.

Το Εργαστηριο του Κεραμεα

Απέναντί μας, στα δυτικά, βρίσκεται η είσοδος του γειτονικού Εργαστηρίου του Κεραμέα (τομέας VIII). Με επιφάνεια περίπου 80 τ.μ., είναι μια από τις καλύτερα διατηρημένες κατοικίες της παλαιοανακτορικής* περιόδου των Μαλίων. Οι τοίχοι του κατώτερου επιπέδου (ημιυπόγειου), κτισμένοι από αργόλιθους, διατηρούνται σε ύψος 1 μ. περίπου (η ανωδομή ήταν ασφαλώς κτισμένη με ωμόπλινθους) και εδράζονται σε πολλά σημεία απευθείας πάνω στο φυσικό βράχο, ο οποίος εξέχει συχνά πάνω από τα δάπεδα. Από το δρόμο, ανεβαίνοντας 2 ή 3 σκαλοπάτια έμπαινε κανείς στον προθάλαμο VIII 1 και από εκεί στους υπόλοιπους χώρους του υπερυψωμένου ισογείου του σπιτιού : αφενός στα δωμάτια κατοίκησης (πάνω από τα VIII 3 και VIII 4) και αφετέρου σε ένα χώρο (πάνω από το VIII 5) όπου ο αγγειοπλάστης φύλαγε αγγεία και εργαλεία· στο δωμάτιο VIII 5 βρέθηκαν πεσμένοι δύο κεραμευτικοί τροχοί (εικ. 5), πήλινες μήτρες για την κατασκευή επιθεμάτων (κυρίως σε σχήμα οστρέων) (εικ. 6), καθώς και μια ομάδα μεγάλων πυραύνων. Το υπερυψωμένο ισόγειο επικοινωνούσε με το ημιυπόγειο από μια εσωτερική κλίμακα με δύο σκέλη (VIII C), της οποίας σώζονται μόνο τα θεμέλια. Το δάπεδο του δωματίου VIII 5, επιχρισμένο με υπόλευκο κονίαμα*, διατηρείται ακόμη σε αρκετά καλή κατάσταση· το δωμάτιο αυτό πρέπει να χρησίμευε ως χώρος συγκέντρωσης· στη βόρεια πλευρά του υπάρχει ένα χαμηλό πεζούλι και στα νότια γειτόνευε με δύο αποθήκες* (VIII 3 και VIII 4) με πιθάρια*· το VIII 2 ήταν ένας απλός υπόγειος χώρος πάνω στο φυσικό βράχο. Οι υπαίθριες εργαστηριακές εγκαταστάσεις του αγγειοπλάστη (κλίβανος, χώρος προετοιμασίας του πηλού) δεν έχουν βρεθεί.

 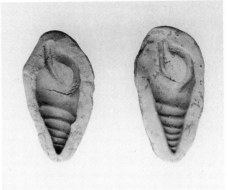

Εικ. 5. — Δίσκος κεραμευτικού τροχού.   Εικ. 6. — Πήλινες μήτρες σε σχήμα οστρέου.

Η αγγειοπλαστική στην καμαραϊκή περίοδο

Η λεγόμενη καμαραϊκή κεραμεική — από το όνομα του σπηλαίου που βρίσκεται στη νοτιοανατολική πλαγιά του όρους Ίδα, κοντά στη Φαιστό — χαρακτηρίζεται από έναν πλούσιο πολύχρωμο διάκοσμο (χρήση λευκού με επίθετο κόκκινο και πορτοκαλί πάνω σε μαύρο βάθος)· τα πιο εκλεπτυσμένα κεραμεικά προϊόντα των ανακτορικών εργαστηρίων αποτελούν δείγματα του ρυθμού αυτού. Απαντά συχνά στην Κνωσό και τη Φαιστό, σπανιότερα στα Μάλια, όπου όμως βρέθηκαν μερικά ωραία δείγματα στη Συνοικία «Μ» και στο Ανάκτορο. Ένα κύπελλο με

Εικ. 7. — Καμαραϊκό
κύπελλο με πολύχρωμη
διακόσμηση.

Εικ. 8. — Τριποδική
κύλικα με πολύχρωμες
μαργαρίτες.

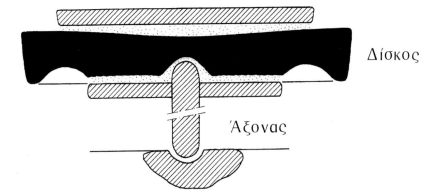

Δίσκος

Άξονας

Εικ. 9. — Γραφική αποκατάσταση κεραμευτικού τροχού.

λεπτότεχνη διακόσμηση.(Μουσείο Ηρακλείου) (εικ. 7) προέρχεται από το Κτήριο Β (IV 4)· πολλές τριποδικές κύλικες της Συνοικίας «Μ», με λευκή ή πολύχρωμη διακόσμηση (εικ. 8), προσφέρουν χαρακτηριστικά παραδείγματα της εξέλιξης του καμαραϊκού ρυθμού προς τα φυσιοκρατικότερα φυτικά θέματα του τέλους της ΜΜ ΙΙ περιόδου.

Ορισμένα καμαραϊκά κύπελλα, τα λεγόμενα «ωοκέλυφα», χαρακτηρίζονται από την εντυπωσιακή λεπτότητα των τοιχωμάτων τους (λιγότερο από 1 χιλιοστό). Αυτή η πρόοδος στην τεχνική της κατασκευής, όπως και η εκλέπτυνση των σχημάτων, οφείλονται στη χρήση του ταχυκίνητου τροχού, δηλαδή δίσκων, των οποίων το παχύ χείλος επιτρέπει, με τη βοήθεια της φυγόκεντρης δύναμης, να λειτουργούν ως δυναμοδέκτες, με αποτέλεσμα να διατηρείται μια ταχύτερη περιστροφική κίνηση. Ένας κεραμευτικός δίσκος που βρέθηκε ανέπαφος στο Εργαστήριο του Κεραμέα (άλλοι παρόμοιοι εντοπίστηκαν σε διάφορα σημεία του αρχαιολογικού χώρου) αποτελεί ένα χαρακτηριστικό δείγμα. Οι πήλινοι αυτοί δίσκοι, πάνω στους οποίους ο αγγειοπλάστης έπλαθε τα αγγεία, είχαν διάμετρο 25-50 εκ. και ήταν πιθανώς τοποθετημένοι πάνω σε ένα ξύλινο στήριγμα, με το οποίο συνδέονταν με πηλό· το όλο σύστημα ήταν στερεωμένο πάνω σε έναν κατακόρυφο άξονα (εικ. 9). Όταν τελείωνε το πλάσιμο του αγγείου, το αποκολλούσαν από το δίσκο, ενώ αυτός ακόμη γύριζε, με τη βοήθεια ενός σπάγγου, του οποίου τα ίχνη στην κάτω επιφάνεια της βάσης σχηματίζουν επάλληλα τόξα. Σε ορισμένες περιπτώσεις ο αγγειοπλάστης μπορούσε να χρησιμοποιήσει πάνω από τον κύριο δίσκο λεπτούς πήλινους δίσκους κοσμημένους με έγγλυφα σχέδια, τα οποία άφηναν τα ανάγλυφα αποτυπώματά τους στη βάση του αγγείου· τους δίσκους αυτούς έβγαζαν μαζί με το αγγείο για στέγνωμα. Ένας τέτοιος δίσκος-μήτρα βρέθηκε στο Κτήριο Α, καθώς και πολλά αγγεία που παρουσίαζαν ανάγλυφα σχέδια στη βάση.

Μερικά αγγεία συνδυάζουν γραπτή με πλαστική επίθετη διακόσμηση, που επιτυγχάνεται με πήλινες μήτρες ανάλογες εκείνων που βρέθηκαν στο Εργαστήριο του Κεραμέα : μπορεί να είναι όστρεα ή διάφορα άλλα θαλασσινά στοιχεία, αλλά και πιο σύνθετα θέματα. Έτσι, στη Συνοικία «Μ» βρέθηκε μια αξιοσημείωτη σειρά από παραστάσεις αιγυπτιακής έμπνευσης : αγγεία διακοσμημένα με γάτες μέσα σε τοπίο με δένδρα, πώμα με γεράκια, σφίγγα (εικ. 14-16), που μαρτυρούν την επίδραση που ασκούσε η αιγυπτιακή τέχνη. Μια από τις μήτρες του εργαστηρίου παριστάνει κέρατα αιγάγρου : παρόμοια εκμαγεία προορίζονταν πιθανώς για αναθήματα ιερών.

Το Εργαστηριο Σφραγιδογλυφιας

Το κτήριο που συνορεύει στα βόρεια με το Εργαστήριο του Κεραμέα ήταν η κατοικία ενός σφραγιδογλύφου. Το πλακόστρωτο με τον παράλληλο αγωγό, που ακολουθεί κανείς επί μερικά μέτρα, ήταν ένα αδιέξοδο που εξασφάλιζε τον αερισμό και το φωτισμό των γειτονικών σπιτιών· η είσοδος του Εργαστηρίου βρισκόταν στην πραγματικότητα στα δυτικά (IX 1) αλλά σήμερα είναι κατεστραμμένη· άνοιγε σε μια στοά* στρωμένη με πλάκες και κονίαμα* (σύμφωνα με τη λεγόμενη τεχνική του μωσαϊκού*), που πλαισίωνε ένα μικροσκοπικό φωταγωγό*. Από εκεί μπορούσε κανείς να προχωρήσει στους υπόλοιπους χώρους του σπιτιού : στα νότια υπήρχε ένα δωμάτιο κατοίκησης (IX 3) συνδεδεμένο με μια αποθήκη* (IX 4), όπου βρέθηκαν τρία πιθάρια*, ενώ στο κέντρο ένας πλακόστρωτος προθάλαμος (IX 2) επέτρεπε την πρόσβαση σε ερμάρια (IX 5 και 6) κάτω από κλίμακες και σε ένα μικρό υπόγειο (IX 7), όπου υπήρχαν δύο πέτρινες γούρνες. Δύο κλίμακες, χωρισμένες από τον προθάλαμο, οδηγούσαν στα δωμάτια του ορόφου. Η νότια (IX Α), της οποίας σώζονται ακόμη τα πρώτα σκαλοπάτια, εξυπηρετούσε τους χώρους διαμονής του ορόφου· η άλλη (IX Β), σε σχήμα Γ, που ξεκινούσε από τον προθάλαμο, οδηγούσε στο καθαυτό εργαστήριο πάνω από το υπόγειο IX 7. Ο τεχνίτης είχε έτσι στη διάθεσή του στον όροφο έναν καλά φωτισμένο χώρο, απομονωμένο από την υπόλοιπη κατοικία, χωρισμένο εν μέρει από τοίχο και αρκετά ευρύχωρο (3 × 3 μ. περίπου), ώστε να μπορεί να εργάζεται με ένα βοηθό. Η κατανομή των ευρημάτων που έπεσαν την ώρα της τελικής καταστροφής (ημιτελείς σφραγιδόλιθοι, υπολείμματα επεξεργασίας, εργαλεία, πυρήνες στεατίτη και ορείας κρυστάλλου) (εικ. 10), επέτρεψε τον ακριβή εντοπισμό του χώρου εργασίας του τεχνίτη.

Εικ. 10. – Σφραγίδες από το Εργαστήριο Σφραγιδογλυφίας.

Οι σφραγίδες της παλαιοανακτορικής* περιόδου

Πολλές χιλιάδες σφραγίδων της παλαιοανακτορικής* περιόδου βρέθηκαν σε διάφορες θέσεις της Κρήτης. Έχουν ποικίλα σχήματα και τις περισσότερες φορές είναι κατασκευασμένες από εγχώριους μαλακούς λίθους (στεατίτη, ασβεστώδη αλαβαστρίτη, σχιστόλιθο, οφίτη) που δουλεύονται εύκολα· μόνο προς το τέλος της περιόδου αρχίζουν να χρησιμοποιούνται σκληρότεροι λίθοι (όπως ο αχάτης). Κρεμασμένες σε βραχιόλια ή περιδέραια με τη βοήθεια οπών, μπορούσαν πιθανώς να χρησιμεύουν ως φυλαχτά, αλλά προορίζονταν κυρίως να αποτυπώσουν το προσωπικό έμβλημα του ιδιοκτήτη τους πάνω σε κομμάτια ωμού πηλού, τα οποία σφράγιζαν αγγεία, θύρες αποθηκών* ή έγγραφα. Τέτοια σφραγίσματα ασφαλείας (εικ. 34-36) βρέθηκαν στα Κτήρια Α και Β της Συνοικίας «Μ», στον «Αποθέτη Ιερογλυφικών» του Ανακτόρου της Κνωσού, αλλά κυρίως στο Ανάκτορο της Φαιστού, όπου ένα σύνολο με περισσότερα από 3000 δείγματα αποκαλύφθηκε το 1957 κάτω από μια αίθουσα του δευτέρου ανακτόρου (Αίθουσα XXV).

Το Εργαστήριο Σφραγιδογλυφίας της Συνοικίας «Μ» είναι το μόνο αυτής της περιόδου που έχει ανασκαφεί, δίνοντας πολύτιμες πληροφορίες για τις τεχνικές μεθόδους που χρησιμοποιήθηκαν, χάρη στα ημιτελή δείγματα, τα θραύσματα εκείνων που έσπασαν στη διάρκεια της κατασκευής, καθώς και στα εργαλεία που βρέθηκαν επί τόπου. Πρόκειται για ένα πολύ εξειδικευμένο εργαστήριο : σε ένα σύνολο 130 περίπου ακέραιων ή αποσπασματικών σφραγίδων, περισσότερες από 100 είναι τριεδρικές και οι περισσότερες από στεατίτη, την πιο μαλακή πέτρα (πρόκειται για μια ποικιλία τάλκη). Άλλοι τύποι που αντιπροσωπεύονται είναι οι κομβιόσχημες, οι κωνικές και μερικές σφραγίδες με κάθετη λαβή. Η τεχνική της κατασκευής ήταν απλή. Το κομμάτι του στεατίτη έπρεπε πρώτα να κοπεί με το πριόνι, έτσι ώστε να αποκτήσει περίπου το σχήμα του πρίσματος· στρογγύλευαν τότε τις γωνίες και λείαιναν τις επιφάνειες με ξέστρες και στιλβωτήρες. Κατόπιν σημείωναν τη θέση της οπής ανάρτησης σε δύο διαμετρικά αντίθετα σημεία και μετά τη διάνοιγαν με τη βοήθεια ενός τρυπάνου, πιθανώς από οψιανό*, με ξύλινη λαβή που περιστρεφόταν με ένα δοξάρι· ύστερα σκάλιζαν τη διακόσμηση με τη βοήθεια ακίδων ή γλυφάνων από οψιανό* ή από μέταλλο. Μετά λείαιναν μια τελευταία φορά τις σφραγίδες.

Επειδή οι ημιπολύτιμες πέτρες, όπως ο αχάτης και η ορεία κρύσταλλος, ήταν σκληρότερες, η κατεργασία τους απαιτούσε μια διαφορετική τεχνική, η οποία εμφανίζεται πριν από το τέλος της παλαιοανακτορικής* περιόδου και πιστοποιείται μόνο σε μερικά δείγματα του Εργαστηρίου Σφραγιδογλυφίας. Η οπή ανάρτησης ανοίγεται στο εξής με ένα χάλκινο σωληνωτό τρυπάνι, που χωρίς αμφιβολία μεταχειρίζονται με κάποιο λειαντικό (σμύριδα) και στιλβωτικό υλικό (λάδι)· το τρυπάνι επέτρεπε επίσης την εκτέλεση νέων διακοσμητικών θεμάτων (κύκλους ή κανονικά τόξα). Η χρήση του δηλώνει ότι ο χαράκτης χρησιμοποιούσε πιθανότατα έναν τροχό ανάλογο με εκείνον του αγγειοπλάστη, αλλά με οριζόντιο άξονα που περιστρεφόταν με ένα δοξάρι.

Τα διακοσμητικά θέματα μοιάζουν συνήθως πολύ με εκείνα της καμαραϊκής κεραμεικής· τα σφραγίσματα του Ανακτόρου της Φαιστού εμφανίζουν τις περισσότερες φορές πλοχμούς, ρόδακες, θέματα στροβιλιζόμενα, και μόνο σπάνια παραστάσεις τετραπόδων, μυθικών προσώπων, θαλασσινών οστρέων ή χταποδιών. Το θεματολόγιο του χαράκτη των Μαλίων ήταν πιο πρωτότυπο : απαντούν συχνά ανθρώπινες μορφές με συγκεκριμένη δραστηριότητα (τοξότης, ψαράς, αγγειοπλάστης), καθώς και τετράποδα, που πολλές φορές είναι δύσκολο να ταυτιστούν· υδρόβια πτηνά, αράχνες, σκορπιοί, αποτελούν ένα σημαντικό μέρος αυτού του θεματολογίου (εικ. 11).

Ορισμένες σφραγίδες, όπως αυτές με λαβή, οι λεγόμενες petschaft, που κατασκευάζονται συχνά από σκληρή πέτρα και καμιά φορά από μέταλλο, ή τα τετράεδρα πρίσματα που φέρουν πολύ συχνά ιερογλυφικές* επιγραφές, ανήκαν πιθανώς σε επίσημα πρόσωπα ή αξιωματούχους.

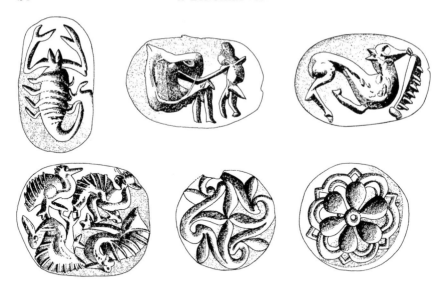

Εικ. 11. — Σφραγίδες από τα Κτήρια Α και Β (σχέδια).

ΤΟ ΚΤΗΡΙΟ Β

Αφού παρακάμψει κανείς το Εργαστήριο Σφραγιδογλυφίας και προσπεράσει το μεγάλο βράχο στη ΒΔ γωνία του Εργαστηρίου του Κεραμέα, φθάνει σε ένα από τα μεγαλύτερα οικοδομήματα της Συνοικίας «Μ», το Κτήριο Β· πρόκειται για ένα πολύπλοκο αρχιτεκτονικό συγκρότημα που καταλαμβάνει περισσότερα από 500 τ.μ. Εδώ βρέθηκαν, όπως και στο Κτήριο Α, αντικείμενα δηλωτικά κύρους και αρχειακό* υλικό.

Η βόρεια πτέρυγα

Αρχικά, προχωρά κανείς κατά μήκος της μεγάλης αίθουσας IV 14, η οποία βρίσκεται δίπλα στο Εργαστήριο του Κεραμέα. Τη διασχίζει ένας αποχετευτικός αγωγός που ξεκινούσε από τη Βόρεια Πλατεία και κατέληγε σε ένα πλατύ αυλάκι, έξω από τη βόρεια πρόσοψη του κτηρίου· ο αγωγός αυτός, εν μέρει γεμισμένος με πέτρες, δεν ήταν πια σε χρήση όταν καταστράφηκε το οικοδόμημα.

Εικ. 12. — Άγκυρες πλοίων.

Μέσα σ' αυτό το δωμάτιο έγινε μια πρωτότυπη ανακάλυψη : δύο μεγάλες άγκυρες πλοίων από αμμούδα*. Πρόκειται μάλλον για αναθηματικές άγκυρες, οι οποίες είχαν τοποθετηθεί στο χώρο αυτό (ίσως στη μεγάλη κόγχη του ανατολικού τοίχου) προς τιμήν μιας θαλάσσιας θεότητας, σύμφωνα με μια γνωστή συνήθεια της Ανατολής. Οι μινωικές άγκυρες χαρακτηρίζονται από το τραπεζοειδές σχήμα τους με στρογγυλευμένη κορυφή και μια μοναδική οπή. για να δένεται το σχοινί (εικ. 12)· παρά τη σημασία που αποδίδεται συνήθως στο ναυτικό ρόλο των Μινωιτών, άγκυρες αυτού του τύπου είναι μέχρι σήμερα πολύ σπάνιες· καμιά δεν βρέθηκε σε συσχετισμό με κάποιο ναυάγιο.

Τα επόμενα δωμάτια (IV 5 - IV 7) περιείχαν πολλά χρηστικά αγγεία· στον όροφο, ακριβώς από πάνω, όπου ανέβαινε κανείς από την κλίμακα IV Β, βρισκόταν μια σειρά αποθηκών* από τις οποίες κατέπεσαν, όταν έγινε η καταστροφή, πιθάρια* και ενεπίγραφα τεκμήρια με ιερογλυφική γραφή* (εικ. 13). Τα υπόλοιπα δωμάτια της βόρειας πτέρυγας που διασχίζουμε (IV 17, IV 18, IV 8, IV 13) είναι πολύ κατεστραμμένα και σώζονται μόνο τα θεμέλια των τοίχων· ο προορισμός τους παραμένει δυσδιάγνωστος.

Εικ. 13. — Πινακίδα με ιερογλυφική γραφή.

Η ΒΔ γωνία του Κτηρίου Β στηρίχτηκε πάνω σε ένα ορθογώνιο οικοδόμημα, το Κτήριο D, που δεν έχει άμεση σχέση μαζί του.

Το Κτήριο D

Κάπως μεγαλύτερο από τις κατοικίες-εργαστήρια που περιγράφηκαν παραπάνω, το κτήριο αυτό καταστράφηκε από την άροση και το επίχρισμα* του δαπέδου διατηρήθηκε σε καλή κατάσταση μόνο σε ορισμένα μικρά δωμάτια της ΝΔ γωνίας, που χωρίζονται με πλινθόκτιστους μεσότοιχους (VII 3-5). Η είσοδός του πρέπει να βρισκόταν στα βόρεια (VII 1), ενώ μια κλίμακα (VII A) οδηγούσε στον όροφο.

Το υλικό που βρέθηκε σ' αυτούς τους χώρους περιλάμβανε ομάδες πολλών δεκάδων αγνύθων (βλ. παρακάτω, σελ. 41) και, κυρίως, αξιόλογα αγγεία με ανάγλυφη αιγυπτιάζουσα διακόσμηση (εικ. 14, 15, 16) που εκτίθενται στο Μουσείο Ηρακλείου, καθώς και ένα μεγάλο λίθινο δοχείο λυχνοστάτη με διάμετρο 46 εκ., το μεγαλύτερο γνωστό στην Κρήτη. Ο προορισμός του κτηρίου παραμένει άγνωστος.

Από το δωμάτιο IV 13 ανακαλύπτει κανείς τους υπόγειους χώρους του Κτηρίου Β που αποτελούν την κύρια ιδιαιτερότητα αυτού του συγκροτήματος.

Ο υπόγειος χώρος του Κτηρίου Β

Ο ορθογώνιος αυτός υπόγειος χώρος καταλαμβάνει μιαν επιφάνεια περίπου 100 τ.μ. Βρίσκεται σε μια κοιλότητα του βραχώδους εδάφους και είναι διαμορφωμένος με φροντίδα· ο φυσικός βράχος λαξεύτηκε για να αποκτήσουν τα δωμάτια κανονικό σχήμα : είναι ορατός μόνο στο βόρειο άκρο του μακρόστενου δωματίου V 2 και στο δωμάτιο V 5.

Τα υπόγεια δωμάτια αυτού του τομέα, όπως και η Υπόστυλη* Κρύπτη κοντά στην Αγορά (βλ. παρακάτω, σελ. 53), είναι από τις πιο αξιόλογες ανακαλύψεις των Μαλίων και παρουσιάζουν ιδιαίτερο ενδιαφέρον για τη μελέτη της μινωικής αρχιτεκτονικής αυτής της περιόδου. Οι τοίχοι σώζονται έως σχεδόν 1,90 μ., δηλαδή περίπου στο αρχικό τους ύψος : οι υποδοχές των δοκών της οροφής διακρίνονται καθαρά στο βόρειο και στο νότιο τοίχο του μεγάλου δωματίου V 2 (στην ανατολική άκρη η μερική αποκατάσταση του δαπέδου χρησιμοποιεί αυτές τις υποδοχές)· η κατάσταση διατήρησης είναι καλή και μπορεί κανείς εδώ να παρατηρήσει αρχιτεκτονικά στοιχεία που συνήθως έχουν εξαφανισθεί : ίχνη ξυλοδεσιάς* από οριζόντια ή κάθετα ξύλα που ενίσχυαν τους πλίνθινους τοίχους, κόγχες, εξωτερικά παράθυρα (δωμάτια V 3 και V 4) ή εσωτερικά (μεταξύ V 5 και V 6), καθώς και θυρώματα.

Στον υπόγειο αυτό χώρο οδηγούσε μια επιχρισμένη* κλίμακα, IV A, που διακρίνεται όταν προχωρήσει κανείς ως τη μικρή πλατεία στο δυτικό άκρο του κτηρίου, την οποία διασχίζει ένας ελικοειδής αγωγός. Από τον προθάλαμο V 1

Εικ. 14. — Αγγείο με πλαστική διακόσμηση : γάτες, δένδρα, θαλασσινό τοπίο.

Εικ. 15. — Ανάγλυφο επίθεμα αγγείου : σφίγγα.

Εικ. 16. — Πώμα διακοσμημένο με ανάγλυφα γεράκια.

Εικ. 17. — Τριποδική κύλικα με σπείρες και   Εικ. 18. — Τριποδική κύλικα.
φυτικά θέματα.

προχωρούσε κανείς σε μια εξαιρετικά μακρόστενη αίθουσα, V 2 (9 × 4 μ.),
μέσω μιας πόρτας της οποίας αποκαταστάθηκε με ακρίβεια το ύψος (1,55 μ.)·
η αίθουσα αυτή παρουσιάζει ορισμένες ειδικές εσωτερικές διαμορφώσεις : μια
κόγχη στον τοίχο κοντά στην είσοδο, μέσα στην οποία βρέθηκε αιχμή δόρατος,
προοριζόταν πιθανώς για κάποιον φύλακα· κατά την ανασκαφή, ίχνη ξύλινων
πεσσών* σώζονταν κοντά στον ανατολικό τοίχο του δωματίου. Το δυτικό τμή-
μα αυτής της αίθουσας ίσως να χρησίμευε ως αποθήκη* : βρέθηκαν δύο πίθοι*
πεσμένοι στο δάπεδο, καθώς και τριποδικές κύλικες με πλούσιο γραπτό διάκο-
σμο (εικ. 17-18)· από το μέσον του νότιου τοίχου ξεκινάει ένας διάδρομος που
εξυπηρετεί δύο άλλα ορθογώνια δωμάτια : το πρώτο (V 3), με χαμηλά πε-
ζούλια στα πλάγια και συλλεκτήρα* σε μια γωνία, ήταν αποθήκη* που
περιείχε, τη στιγμή της καταστροφής, δύο πίθους*· το δεύτερο (V 4), με απλά
πεζούλια διαφορετικού ύψους, ήταν εντελώς άδειο.

Η συστηματική χρήση της ωμής πλίνθου για την κατασκευή των τοίχων είναι
ιδιαίτερα εντυπωσιακή σ' αυτό το συγκρότημα· μόνον οι εξωτερικοί τοίχοι είναι
κτισμένοι με ακατέργαστους λίθους σιδερόπετρας*, όπως μπορεί κανείς να διαπι-
στώσει στα βόρεια της μακρόστενης αίθουσας V 2. Οι ξυλοδεσιές* που ενίσχυαν
τους πλίνθινους τοίχους διαλύθηκαν μετά την καταστροφή και άφησαν κοιλότητες
που μαρτυρούν τη θέση τους : έτσι, στον ανατολικό τοίχο των δωματίων V 3 και V
4, μπορεί κανείς να παρατηρήσει τις κοιλότητες που άφησε ένα οριζόντιο δοκάρι
κάτω από τις κόγχες, στο μέσον του ύψους του τοίχου. Ολόκληρη η επιφάνεια των
τοίχων και των δαπέδων αυτού του τομέα ήταν αρχικά επιχρισμένη με κονίαμα*
ενιαίου κυανού χρώματος.

Οι μικρές κόγχες στο πάνω μέρος αυτού του τοίχου προορίζονταν πιθανώς για την τοποθέτηση λυχναριών. Τα ανάλογα ανοίγματα που βρίσκονται απέναντι, στο δυτικό τοίχο αυτών των δωματίων, είναι φεγγίτες που άνοιγαν προς τη μικρή εξωτερική πλατεία, στο ύψος του εδάφους.

Στρίβοντας τη ΝΔ γωνία του κτηρίου, προχωρά κανείς κατά μήκος της νότιας πρόσοψης και φθάνει στο δυτικό βραχίονα ενός πλακόστρωτου δρόμου (ανάλογου με αυτόν που διασχίζει τη δυτική αυλή του Ανακτόρου), που εξυπηρετούσε τις δύο εισόδους του ισογείου. Μια πλάκα από *αμμούδα**, που βρίσκεται ακόμη στη θέση της μπροστά στο μικρό δωμάτιο V 5, σημειώνει τη θέση της πρώτης εισόδου. Από εκεί μπορεί κανείς να διακρίνει τον εσωτερικό τετράγωνο χώρο V 6, που ήταν εντελώς άδειος όταν αποκαλύφθηκε· ο διάδρομος V 5 σε σχήμα Γ, που χρησίμευε ως αποθήκη*, πλαισιώνει το χώρο αυτόν από την ανατολική και τη νότια πλευρά· μια μικρή κόγχη υπήρχε στον ανατολικό του τοίχο, ενώ στα νότια ένα μικρό τετράγωνο παράθυρο έβλεπε στο διάδρομο.

Το ισόγειο

Το τμήμα του ισογείου που βρισκόταν πάνω από τα υπόγεια δωμάτια, και στο οποίο οδηγούσε ο δυτικός βραχίονας της Δυτικής Πλακόστρωτης Οδού, κατέπεσε εξολοκλήρου τη στιγμή της τελικής καταστροφής, καθώς και το πάτωμα που θα υπήρχε από πάνω. Μόνο τα ευρήματα δίνουν μερικές ενδείξεις για τον προορισμό των δωματίων των ορόφων. Ένα σύνολο λίθινων ειδωλίων (βλ. εικ. 22), που κατέπεσαν στο διάδρομο V 5, μαζί με χάντρες περιδεραίου

Εικ. 19. — Αγγείο τύπου Χαμαι-
ζίου με εγχάρακτη επιγραφή.

Εικ. 20. — Αγγείο τύπου Χαμαι-
ζίου με γραπτή επιγραφή.

από αχάτη, δηλώνουν την παρουσία ενός θησαυροφυλακίου ιερού στον όροφο του κτηρίου· στο ίδιο σημείο βρέθηκε ένα σύνολο από δώδεκα αγγεία τύπου Χαμαιζίου*, από τα οποία το ένα έφερε επιγραφή σε ιερογλυφική γραφή* (εικ. 19, βλ. εικ. 20). Ένα ωραίο χάλκινο εγχειρίδιο με χρυσή διάτρητη λαβή και ενθέσεις (εικ. οπισθοφύλλου), που βρέθηκε στο στρώμα καταστροφής του δωματίου V 3, καθώς και μια ομάδα είκοσι περίπου λίθινων αγγείων, που περισυλλέχθηκαν στο δάπεδο του δωματίου V 6, μας επιτρέπουν να συμπεράνουμε την ύπαρξη επίσημων αιθουσών στο χώρο αυτό.

Τα λίθινα σκεύη

Η λιθοτεχνία εμφανίζεται στην Κρήτη από την Πρωτομινωική περίοδο, πιθανώς κάτω από την επίδραση της Αιγύπτου. Μέχρι την τελική καταστροφή των μινωικών ανακτόρων, θα αποτελέσει ένα από τα χαρακτηριστικά στοιχεία της κρητικής τέχνης· τα μεγάλα λατρευτικά αγγεία διακοσμημένα με ανάγλυφες σκηνές, όπως ο «Τρίτων με τους δαίμονες» που βρέθηκε κοντά στη ΒΑ γωνία του Ανακτόρου των Μαλίων (Μουσείο Αγ. Νικολάου), αποτελούν αριστουργήματα της νεοανακτορικής περιόδου.

Στην παλαιοανακτορική* περίοδο τα λίθινα αγγεία είναι άφθονα, είτε ως αντικείμενα καθημερινής χρήσης και επίσημα σκεύη στους οικισμούς, είτε ως κτερίσματα στις νεκροπόλεις. Η Συνοικία «Μ» και μόνο έδωσε πάνω από 300 αγγεία ολόκληρα ή αποσπασματικά : κύπελλα και κύλικες κυρίως, αλλά και σχήματα πιο πολύπλοκα, όπως πρόχους, «τσαγιέρες» και τα λεγόμενα «φωλεόσχημα», μικρά αγγεία χαρακτηριστικά αυτής της περιόδου (εικ. 21).

Για την κατασκευή τους μεταχειρίζονται συχνότερα τον οφίτη, μια πράσινη μαλακή πέτρα με βαθυπράσινες φλέβες και υποκίτρινες κηλίδες, καθώς και διάφορα είδη ασβεστόλιθου ή κροκαλοπαγούς λίθου· η χρήση του αλάβαστρου αποτελεί εξαίρεση. Η απλή ανάγλυφη διακόσμηση εξακολουθεί να είναι πολύ σπάνια αυτή την εποχή, αλλά ο καλλιτέχνης χρησιμοποιεί συχνά, όσο καλύτερα μπορεί, τις φλέβες και τα φυσικά χρώματα της πέτρας. Ορισμένα αγγεία από οφίτη του δωματίου V 6 είχαν πιθανώς υπερθερμανθεί για να πάρουν μια κόκκινη απόχρωση μιμούμενη τον πορφυρίτη.

Χάρη στην ανακάλυψη ημιτελών αγγείων και υπολειμμάτων κατεργασίας μπόρεσε να προσδιοριστεί η μέθοδος κατασκευής των αγγείων. Η αρχική λάξευση του ακατέργαστου ακόμη λίθου γινόταν με τη βοήθεια της σφύρας και της σμίλης· κατόπιν κοίλαιναν το εσωτερικό, συνήθως με

Εικ. 21. – Λίθινα αγγεία.

σωληνωτά τρυπάνια διαφόρων μεγεθών (ίσως από μέταλλο, αλλά κυρίως από καλάμι, όπως στην Αίγυπτο), που τα μεταχειρίζονταν, όπως και για την κατασκευή των σφραγίδων, μαζί με ένα λειαντικό και ένα στιλβωτικό υλικό. Κομμάτια από πέτρα, που χρησίμευαν για να σφηνώνει το τρυπάνι μέσα στο μισοσκαμμένο αγγείο, καθώς και κολουροκωνικοί «πυρήνες» από την κατεργασία με το τρυπάνι, βρέθηκαν στο χώρο των εργαστηρίων (Συνοικία «Μ», περιοχή του Εργαστηρίου του Κεραμέα και του Νότιου Εργαστηρίου). Όταν το εσωτερικό του αγγείου είχε αδειάσει, λάξευαν τα δευτερεύοντα στοιχεία (λαβές, προχοές) και, τέλος, λείαιναν προσεκτικά ολόκληρο το αγγείο.

Ο ανατολικός βραχίονας της πλακόστρωτης οδού, πλαισιωμένος από μια μικρή λιθόστρωτη πλατεία, καταλήγει, στη γωνία του Κτηρίου Α, σε μια δεύτερη είσοδο με προστώο* που υποβαστάζεται από δύο κίονες*, οι βάσεις των οποίων βρίσκονται εκατέρωθεν της πομπικής οδού : πρόκειται πιθανώς για την κύρια είσοδο του κτηρίου. Μπροστά στο προστώο*, δίπλα στον τοίχο του Κτηρίου Α, μια σειρά από μεγάλους λίθους — στο βόρειο άκρο της ένας λίθος με κοιλότητες* που διακρίνονται αμυδρά — σχηματίζουν ένα πεζούλι σε μια εσοχή της πρόσοψης. Ένας πλακόστρωτος προθάλαμος με πεζούλι (IV 2) οδηγεί σε μια μεγάλη αίθουσα με επιχρισμένο* δάπεδο (IV 1) και πεζούλια στα δύο άκρα της. Από εδώ υπήρχε πρόσβαση στους διάφορους χώρους του ανατολικού τμήματος του ισογείου, του ορόφου και του υπογείου. Είδαμε παραπάνω την πτέρυγα που βρίσκεται στα βόρεια της αίθουσας με το επιχρισμένο* δάπεδο, καθώς και το δωμάτιο IV 14. Στα νότια, ο μεγάλος χώρος IV 4, χωρισμένος σε πολλά μικρά δωμάτια με παχύτατους μεσότοιχους, εμφανίζει ακριβώς την ίδια εικόνα με τα ανατολικά υπόγεια του τομέα III στο Κτήριο Α (βλ. παρακάτω, σελ. 44) : τοίχοι από αργούς λίθους και ανώμαλο δάπεδο βρίσκονται και εδώ σε αντίθεση με την επιμελημένη αρχιτεκτονική των άλλων δωματίων· τα αντικείμενα που έπεσαν από τον όροφο, καμαραϊκά αγγεία (βλ. εικ. 7), χάλκινο κύπελλο, πρώτες ύλες που προορίζονταν για τα εργαστήρια, κείμενα σε ιερογλυφική γραφή*, υποδεικνύουν, πάντως, την παρουσία στον όροφο ενός σκευοφυλακίου με αντικείμενα αξίας. Ο νότιος τοίχος του IV 4 ακουμπάει στον τοίχο του παλαιότερου Κτηρίου Α, του οποίου ακολούθησε τον προσανατολισμό.

ΤΟ ΚΤΗΡΙΟ Α

Πρόκειται για το σημαντικότερο κτήριο της Συνοικίας «Μ». Καλύπτει επιφάνεια 840 τ.μ. και έχει σχήμα τραπεζίου, του οποίου οι πλευρές παρουσιάζουν τις συνηθισμένες οδοντώσεις* της μινωικής αρχιτεκτονικής. Το ακανόνιστο αυτό σχήμα οφείλεται στο γεγονός ότι η κατασκευή του πραγματοποιήθηκε σε δύο κύριες φάσεις : στην πρώτη κτίστηκε ένα ορθογώνιο οικοδόμημα με απολύτως κανονικό σχήμα (το βόρειο τμήμα περίπου του κτηρίου, αριστερά από την πεζογέφυρα ακολουθώντας την πορεία της επίσκεψης). Αργότερα προστέθηκε ένα νέο συγκρότημα δωματίων με ελαφρά διαφορετικό προσανατολισμό, καταλαμβάνοντας, στα νότια, όλον το διαθέσιμο χώρο μέχρι τα παλαιότερα κτίσματα (Εργαστήριο C, Νότιο Εργαστήριο). Επίσημες αίθουσες, αποθήκες*, αποθέτες αρχείων*, υποδηλώνουν το διοικητικό ρόλο του συγκροτήματος.

Η δυτική πρόσοψη και η δυτική είσοδος

Ακολουθώντας τη δυτική πλακόστρωτη πομπική οδό, προχωρά κανείς κατά μήκος της δυτικής πρόσοψης του κτηρίου, η οποία ήταν, όπως και στα ανάκτορα, η κύρια πρόσοψη. Οι ανομοιομορφίες που παρατηρούνται στην πρόσοψη αυτή οφείλονται στις δύο φάσεις κατασκευής που προαναφέρθηκαν· επιβλητικοί λιθόπλινθοι αμμούδας*, πλάτους 0,60 μ. και μήκους μέχρι 1,00 μ., αποτελούσαν αρχικά τον κατώτερο δόμο μιας μνημειακής πρόσοψης με εσοχές, η οποία καλύφθηκε εν μέρει από τη μεταγενέστερη προσθήκη του ιερού Ι 12 και του προθαλάμου του Ι 11.

Το δωμάτιο Ι 12, με ισοπεδωμένους τοίχους (εντελώς κατεστραμμένους στη ΝΔ γωνία), έχει στο κέντρο του μια ορθογώνια εστία με έκκεντρη κοιλότητα. Το δωμάτιο αυτό, όπου δεν βρέθηκε παρά μόνο μια πήλινη κύλικα, είναι ασφαλώς ένα ιερό, του ίδιου τύπου με το καταχωμένο σήμερα ΜΜ ΙΙ Ιερό, που ανασκάφηκε το 1966 κοντά στο Στρωματογραφικό Μουσείο (βλ. παρακάτω, σελ. 55) και το οποίο διέθετε παρόμοια εστία. Από την ανατολική του πλευρά επικοινωνούσε με το νότιο τμήμα της μεγάλης αίθουσας Ι 3 μέσω μιας θύρας που άνοιξαν στην αρχική πρόσοψη· στα νότια ένα διπλό άνοιγμα οδηγούσε στον προθάλαμο Ι 11. Ένας στενός χώρος (Ι 11α) κοντά στην είσοδο, με πρόσβαση από τον προθάλαμο, προοριζόταν για τη φύλαξη των σκευών που χρησιμοποιούσαν στη διάρκεια των τελετών· εκεί βρέθηκε μια μικρή στρογγυλή τράπεζα προσφορών.

Τα μινωικά ιερά

Στη μινωική θρησκεία της παλαιοανακτορικής* περιόδου δεν υπάρχουν πραγματικοί ναοί και τα οικοδομήματα ή δωμάτια που ταυτίζονται με ιερά διακρίνονται συνήθως με δυσκολία από τους υπόλοιπους κοσμικούς χώρους. Στην περίοδο αυτή έχουμε περισσότερες μαρτυρίες για τα «ιερά κορυφής» που βρίσκονται στις κορυφές λόφων κοντά σε πόλεις ή χωριά, εκεί όπου ακόμη και σήμερα υψώνονται συχνά μικρά άσπρα ξωκλήσια· στα Μάλια, στην κορυφή του Προφήτη Ηλία (νοτίως του αρχαιολογικού χώρου) υπήρχε πιθανώς ένα ιερό αυτού του τύπου. Τα υπαίθρια αυτά ιερά, πολυάριθμα κυρίως στην ανατολική Κρήτη, αναγνωρίζονται κυρίως από τα αφιερώματα (ειδώλια ζώων, ανθρώπων, αναθήματα μελών του ανθρώπινου σώματος) και τα κατάλοιπα θυσιαστικών πυρών, όπως στον Πετσοφά κοντά στο Παλαίκαστρο.

Τα κτιστά ιερά, ανεξάρτητα (όπως το ΜΜ ΙΙ Ιερό) ή ενταγμένα σε ένα αρχιτεκτονικό συγκρότημα (όπως το δωμάτιο Ι 12), είναι σπάνια. Η δομή τους είναι πολύ απλή : ένα κύριο δωμάτιο με προθάλαμο που επικοινωνεί με μία ή περισσότερες αποθήκες*. Τα γνωστά παραδείγματα φαίνεται ότι διαθέτουν όλα ορθογώνια τράπεζα ή εστία με έκκεντρη κοιλότητα· εκτός από τα κοινά αγγεία που χρησιμεύουν στην προπαρασκευή των γευμάτων ή των σπονδών*, το μόνο χαρακτηριστικό υλικό φαίνεται ότι αποτελούν μικρές κυκλικές τράπεζες προσφορών και σωληνωτά υποστηρίγματα με πλευρικές λαβές.

Υπάρχουν ειδώλια διαφόρων τύπων, που παριστάνουν μια γυναικεία θεότητα ή ιέρειες. Ένα σύνολο λίθινων σχηματοποιημένων ειδωλίων, που διαφέρουν όμως από τα κυκλαδικά ειδώλια, ανακαλύφθηκε στο V 5, όπου είχε καταπέσει από το δωμάτιο του ορόφου (εικ. 22)· ένα γυναικείο κεφάλι διαφορετικού τύπου, με πλατύ κάλυμμα κεφαλής, προέρχεται από το χώρο ΙΙΙ 3 (εικ. 23). Συμβολικά σημεία, όπως ο διπλούς πέλεκυς, εμφανίζονται πάνω σε ορισμένα αντικείμενα.

Εικ. 22. − Λίθινο   Εικ. 23. − Κεφάλι πήλινου ειδωλίου.
σχηματοποιημένο
ειδώλιο.

Προχωρώντας προς τα νότια (ο πλακόστρωτος δρόμος δεν διατηρείται πλέον από αυτό το σημείο και πέρα), συναντάμε, στην αρχή της πεζογέφυρας και απέναντι από την κύρια είσοδο του κτηρίου που βρίσκεται στο σημείο αυτό, ένα πλατύ πεζοδρόμιο από παχιές πλάκες αμμούδας* κατά μήκος ολόκληρου του νότιου τμήματος της πρόσοψης.

Πριν ανεβούμε στην πεζογέφυρα για να επισκεφθούμε το Κτήριο Α, θα προχωρήσουμε μέχρι τη νοτιοδυτική γωνία του κτηρίου ακολουθώντας το πεζοδρόμιο. Περνάμε πρώτα δίπλα στις δύο μεγάλες ορθογώνιες αποθήκες* ΙΙΙ 16 και ΙΙΙ 17, η μία από τις οποίες (ΙΙΙ 16) διέθετε πεζούλια, αυλάκια και συλλεκτήρες*, οι οποίοι έχουν σήμερα μεταφερθεί· ανατολικότερα, δύο άλλες αποθήκες* (ΙΙΙ 8 και ΙΙΙ 9), καθέτως προς τις προηγούμενες, επικοινωνούν με τις πρώτες. Στον όροφο θα πρέπει να υπήρχαν στο σημείο αυτό αποθήκες* με παρόμοια κάτοψη : πολυάριθμοι πίθοι* έχουν καταπέσει στην αποθήκη* ΙΙΙ 8, πάνω στα αγγεία που ήσαν τοποθετημένα στο ισόγειο. Οι αποθήκες* αυτές, με προορισμό τη φύλαξη των προϊόντων αναδιανομής, επιτηρούνταν και ελέγχονταν· σφραγίσματα (κομμάτια πηλού με αποτυπώματα σφραγίδων) και

Εικ. 24. − Κύπελλα.

μια πινακίδα με επιγραφή σε κρητική ιερογλυφική γραφή* αποκαλύφθηκαν στην περιοχή αυτή, κοντά στις θύρες των αποθηκών* III 16 και III 17. Στην αποθήκη* III 17, δίπλα σε θραύσματα πίθων, βρέθηκε ένα σύνολο πολλών κυπέλλων (εικ. 24), που ήσαν προσεκτικά στοιβαγμένα (πιθανώς μέσα σε ξύλινο κιβώτιο), καθώς και μια πολύ όμορφη τριποδική καρποδόχη διακοσμημένη με πολύχρωμες μαργαρίτες (εικ. 8).

Εικ. 25. — Αμφορέας.   Εικ. 26. — Πίθος με
                                          καταλοιβάδες.

Οι αποθήκες*

Οι «αποθήκες» — ο όρος δηλώνει τα κελλάρια ή τα ερμάρια που προορίζονταν για τη διατήρηση των γεωργικών προϊόντων, γεννημάτων, λαδιού, κρασιού — απαντούν συχνά στα μινωικά κτήρια, είτε πρόκειται για κοινά σπίτια ή για ανάκτορα. Τα τρόφιμα φυλάσσονταν σε πήλινα δοχεία, αμφορείς (εικ. 25) και αποθηκευτικά αγγεία διαφόρων τύπων, όπως πίθους* (εικ. 26), που μπορούσαν να φθάσουν πάνω από 1,50 μ. ύψος και χωρητικότητα μέχρι 200 λίτρα.

Στα κοινά σπίτια οι αποθήκες* ταυτίζονται μόνο χάρη στα αγγεία που είναι τοποθετημένα κατά μήκος των τοίχων. Στα ανάκτορα ή στα μεγάλα παλαιοανακτορικά* οικοδομήματα, όπως αυτά της Συνοικίας «Μ», εμφανίζονται νέες μορφές αποθηκών. Συχνά είναι διευθετημένες σε σειρές 3 ή 4 συνεχόμενων δωματίων που εξυπηρετούνται από έναν κοινό διάδρομο, ενώ άλλοτε σε συγκροτήματα που καταλαμβάνουν έναν ολόκληρο τομέα του κτηρίου· επιπλέον οι περισσότερες χαρακτηρίζονται από ειδικές εσωτερικές εγκαταστάσεις, όπως επιχρισμένα* ή πλακόστρωτα χαμηλά πεζούλια, πάνω στα οποία ήσαν τοποθετημένα τα αγγεία· στην περίπτωση των αποθηκών λαδιού, κατά μήκος της βάσης των πεζουλιών υπάρχουν αυλάκια που συχνά καταλήγουν σε κοιλότητες ή συλλεκτήρες* μέσα στο δάπεδο· με τον τρόπο αυτό γινόταν η περισυλλογή των υγρών που χύνονταν στο έδαφος όταν υπερχείλιζε ή έσπαζε ένα αγγείο. Το Κτήριο Α της Συνοικίας «Μ» ή οι αποθήκες της Υπόστυλης* Κρύπτης δίνουν για την περίοδο των πρώτων ανακτόρων πολύ χαρακτηριστικά δείγματα των μινωικών αυτών αρχιτεκτονικών στοιχείων. Ανάλογη οργάνωση παρουσιάζουν οι ανατολικές αποθήκες του Ανακτόρου.

Ο αριθμός των αποθηκών και οι συχνά μεγάλες διαστάσεις τους υποδηλώνουν έντονη γεωργική εκμετάλλευση. Τα αποθηκευμένα αγροτικά πλεονάσματα εξασφαλίζουν έτσι την επιβίωση των εξειδικευμένων τεχνιτών και των ανακτορικών λειτουργών, οι οποίοι αμοίβονται πιθανώς για την εργασία τους, όπως και στην Ανατολή, με ημερήσιο ή μηνιαίο σιτηρέσιο. Οι αποθήκες, σύμφωνα με τη λειτουργία τους, χωρίζονται, επομένως, σε δύο κύριες κατηγορίες : οι πρώτες, όπως τα κελλάρια της Συνοικίας «Μ», στεγάζουν τα είδη διατροφής που προορίζονται για άμεση κατανάλωση και βρίσκονται συνήθως στο ισόγειο, κοντά στους χώρους προετοιμασίας και κατανάλωσης της τροφής. Οι άλλες προορίζονται για την αποθήκευση και την αναδιανομή προϊόντων που διαχειρίζεται ο διοικητικός μηχανισμός· η είσοδος και η έξοδος των τροφίμων ελέγχονται αυστηρά. Οι αποθήκες αυτές μπορεί να βρίσκονται στον όροφο ή και στο ισόγειο, όπως διαπιστώνουμε στο ΝΔ τμήμα του Κτηρίου Α ή στο Κτήριο Ε.

Από τη ΝΔ γωνία του Κτηρίου Α φαίνονται τα μερικώς σωζόμενα κατάλοιπα του Νότιου Εργαστηρίου (τομέας ΧΙ), ενώ πιο μακριά διακρίνεται ο τοίχος (από μεγάλες λιθοπλίνθους *αμμούδας**) του Εργαστηρίου C (τομέας VΙ).

Τα εργαστήρια του νότιου τομέα

Τα λείψανα που εκτείνονται στα νότια του Κτηρίου Α διατηρούνται σε πολύ κακή κατάσταση λόγω της μεγάλης διάβρωσης που υφίστανται στο χαμηλό αυτό τμήμα του χώρου. Πάντως, έγινε δυνατό να ταυτιστούν τα δύο αποσπασματικά σωζόμενα κτήρια αυτού του τομέα με σπίτια τεχνιτών, όμοια με εκείνα του βόρειου τμήματος της συνοικίας.

Εικ. 27. — Χάλκινοι τριποδικοί λέβητες.

Το Νότιο Ερ   ριο ήταν η κατοικία ενός τεχνίτη, η κύρια ενασχόληση του
οποίου παραμέν   οστη· είναι βέβαιο ότι κατασκεύαζε λίθινα αγγεία (ανάμεσα
σε αυτά που βρέ   υπήρχε και ένα ημιτελές), φαίνεται όμως ότι κατεργαζόταν
επίσης το μέταλ   το κόκαλο. Τα δωμάτια του κτηρίου, του οποίου σώζεται
μόνον το βόρειο   , ήταν οργανωμένα γύρω από έναν προθάλαμο (XI 1) με
πλάκες και κονία   ωσαϊκό*) και από ένα διάδρομο (XI 6), το επιχρισμένο*
δάπεδο του οποίο   μάλλον απομίμηση ενός πλακόστρωτου (μεγάλα άσπρα
τετράγωνα πλαισι   με κόκκινες γραμμές)· μια κλίμακα (XI A) εξυπηρετούσε
τον όροφο. Τα περ   ρα αντικείμενα βρέθηκαν πεσμένα στο υπόγειο X 14, η
είσοδος του οποίου   ίζει χάρη σε μια διπλή γούρνα (βλ. παρακάτω, σελ. 44)·
στον όροφο, πάνω   ο χώρο αυτό, βρισκόταν το κυρίως εργαστήριο. Είναι
αξιοσημείωτο ότι η   ι πρόσοψη αυτού του σπιτιού, πάνω στην οποία ακουμ-
πάει η νότια επέκτ   του Κτηρίου Α, αποτελείται από κανονικούς δόμους
λαξευμένων λίθων α   ς*.

Στη Νότια Επίχω   ου χωρίζει τα δύο εργαστήρια, βρέθηκαν απορρίμματα
κατεργασίας από εργ   ο οστέινων αντικειμένων.

Το Εργαστήριο C   να δεύτερο εργαστήριο χαλκουργού : αν και έχει ανα-
σκαφεί μόνο μερικώς   σε μια μήτρα από σχιστόλιθο για την κατασκευή
μετάλλινων εργαλείων,   στη μικρή αυλή VI 4 εντοπίστηκαν θραύσματα από
φυσερά. Συγκεκριμένα,   υγκρότημα περιλάμβανε μικρή αίθουσα με πεζούλια
(VI 3) και αποθήκη*   ), όπου έγινε μια ενδιαφέρουσα ανακάλυψη : τρεις
μεγάλοι τριποδικοί χάλκ   βητες (Μουσείο Ηρακλείου) (εικ. 27) ήταν κρυμμένοι
κάτω από το έδαφος, σε   ιλότητα σκεπασμένη με ένα πιθάρι* της αποθήκης*.
Ο κρυψώνας αυτός υποδ   την ύπαρξη απειλής (πολεμική επίθεση ;) πριν από
την τελική καταστροφή   νοικίας γύρω στο 1700 π.Χ.

Επιστροφή στην αρχ   πεζογέφυρας, η σκάλα της οποίας βρίσκεται
ακριβώς μπροστά στην ε   είσοδο του Κτηρίου Α.

Η δυτική είσοδος, πλάτους 1,70 μ., ήταν η κύρια είσοδος του κτηρίου στην τελική του μορφή. Η όψη της ήταν μνημειακή και διέθετε ανώφλι από πέτρινη επιχρισμένη* πλάκα που σχημάτιζε γείσο, τμήματα της οποίας βρέθηκαν στο Δυτικό Πεζοδρόμιο. Ανοίγει προς ένα μεγάλο προθάλαμο (ΙΙΙ 15) με πεζούλια σε σχήμα Γ, ο οποίος επικοινωνεί αφενός με τα δωμάτια του τομέα ΙΙΙ (στα νότια της πεζογέφυρας) και αφετέρου με το σύνολο του τομέα Ι, μέσω του προθαλάμου του ιερού Ι 12 που θα δούμε από την πεζογέφυρα.

Οι αίθουσες τελετών και επίσημων εκδηλώσεων

Το αρχικό τμήμα του Κτηρίου Α, που βρίσκεται στα βόρεια της πεζογέφυρας, είναι οργανωμένο γύρω από τις αίθουσες τελετών και επίσημων εκδηλώσεων : τη μεγάλη τετράγωνη αίθουσα Ι 3, δυτικά, και το πολύθυρο* Ι 13, ανατολικά, που χωρίζονται από την αυλή με στοά* Ι 1.

Στο δυτικό τμήμα του κτηρίου, μπαίνοντας από την κύρια είσοδο και τον προθάλαμο Ι 11 (εν μέρει κάτω από την πεζογέφυρα), φθάνει κανείς σε μια επιμήκη αίθουσα (Ι 10)· από το τρίθυρο με ξύλινους πεσσούς* που υπήρχε στην είσοδό της σώζεται μόνο η θέση των τετράγωνων βάσεων των πεσσών* πάνω στο επιχρισμένο* δάπεδο, καθώς και εκείνη του ξύλινου κατωφλιού. Αυτή η αίθουσα υπήρχε ήδη στην πρώτη φάση του κτηρίου και την έκλεινε στα δυτικά ο τοίχος της αρχικής πρόσοψης. Εξασφαλίζει την είσοδο αφενός προς την υπόγεια δεξαμενή καθαρμών* Ι 4, την πιο πρωτότυπη του κτηρίου, και αφετέρου, μέσω μιας θύρας με βαθμίδα, προς το νότιο τμήμα της αίθουσας Ι 3, της οποίας το δάπεδο (δεν σώζεται σήμερα) κάλυπτε αρχικά και τη δεξαμενή (Ι 4).

Πράγματι, η δεξαμενή αυτή ήταν υπόγεια και στεγασμένη, σκαμμένη σε βάθος 1,80 μ. κάτω από το επίπεδο των υπολοίπων χώρων του ισογείου· η πρόσβαση γινόταν μέσω μιας κλίμακας σε σχήμα Γ με επτά βαθμίδες (εικ. 28). Εμφανίζεται σαν ένα είδος προτύπου, πολύ μεγάλων διαστάσεων (3,90 × 2,75 μ.), των ημιυπόγειων δεξαμενών καθαρμών* που απαντούν στα ανάκτορα και στις επαύλεις της επόμενης περιόδου. Οι παρειές των τοίχων και το δάπεδό της ήσαν επιχρισμένα με κυανό κονίαμα*, όπως οι υπόγειοι χώροι του Κτηρίου Β. Η μερική καταστροφή του κονιάματος* επέτρεψε να διαπιστώσουμε την επιμελημένη τοιχοδομία του βόρειου τοίχου με λαξευμένους λίθους αμμούδας*, πάνω από τους οποίους υπάρχουν κοιλότητες που αντιστοιχούν στη θέση των δοκών της στέγης.

Η ΒΑ γωνία του δωματίου είναι ακανόνιστη και διατηρεί ανέπαφες τις ανωμαλίες του φυσικού βράχου, καλυμμένες απλώς με κονίαμα* : η εικόνα αυτή θυμίζει την αδρή διαμόρφωση του εσωτερικού των κρητικών σπηλαίων που χρησίμευαν και ως χώροι λατρείας. Δίπλα στο νότιο τοίχο σώζονται ίχνη εσωτερικών διαμορφώσεων (ξύλινο δοκάρι στο έδαφος και κάθετες παραστάδες*, στη ΝΔ γωνία

Εικ. 28. — Ἄποψη τοῦ Κτηρίου Α (βόρειο τμῆμα).

Εικ. 29. — Η αποθήκη I 7 κατά την ανασκαφή.

επιχρισμένη* τράπεζα με κοιλότητα), ο προορισμός των οποίων παραμένει αβέβαιος· η ανακάλυψη μιας πήλινης τράπεζας προσφορών κοντά στην κυβική επιχρισμένη* βάση που βρίσκεται στην αίθουσα Ι 10, ακριβώς αριστερά της θύρας της κλίμακας, επιτρέπει να υποθέσουμε ότι και εδώ γίνονταν τελετές συνδεδεμένες με τη λατρεία.

Σε ολόκληρο τον τομέα, οι κοιλότητες που άφησαν στον πηλό των τοίχων ή στα δάπεδα τα ξύλινα αρχιτεκτονικά μέλη όταν κάηκαν ή αποσυντέθηκαν (κατώφλια, παραστάδες* ή πεσσοί*), επιτρέπουν την ακριβή αποκατάσταση του συστήματος θυρών και κλείθρων· οι προσβάσεις στην αίθουσα Ι 10 προσφέρουν μια χαρακτηριστική εικόνα. Οι τοίχοι των διαφόρων δωματίων, συνήθως χτισμένοι από πηλό ή πλίνθους πάνω σε απλά θεμέλια από αργούς λίθους, ήσαν επιχρισμένοι με χρωματιστά κονιάματα*, ενώ σήμερα εμφανίζονται ομοιόμορφα υπόλευκοι. Το αρχικό χρώμα, όμως, διακρίνεται ακόμη αμυδρά πάνω σε ορισμένα θραύσματα κονιαμάτων (π.χ. κόκκινο για την αίθουσα Ι 10, κυανό για την «αίθουσα καθαρμών*»).

Από την αίθουσα Ι 10 περνάμε ανατολικά, μέσω του πλακόστρωτου διαδρόμου Ι 9, στην αυλή με τη στοά* Ι 1.

Η στοά* με το πλακόστρωτο δάπεδο, που καταλαμβάνει τη δυτική πλευρά της αυλής και γυρίζει κατά μήκος της βόρειας πλευράς της, στηριζόταν σε δύο κίονες*, των οποίων σώζονται οι δύο κυκλικές πέτρινες βάσεις, ελαφρώς διαφορετικού σχήματος και διαμέτρου η καθεμιά (36 και 41 εκ.)· οι κορμοί των κιόνων, των οποίων εντοπίστηκαν ορισμένα απανθρακωμένα λείψανα, ήταν από κυπαρισσόξυλο, ενώ οι οπές στο κέντρο των βάσεων εξασφάλιζαν τη στερέωσή τους. Στα δυτικά, στον άξονα που περνάει ανάμεσα στους δύο κίονες*, άνοιγε μια θύρα που οδηγούσε στη μεγάλη τετράγωνη αίθουσα Ι 3, με διαστάσεις σχεδόν 6 × 6 μ. : πρόκειται για ένα από τα μεγαλύτερα γνωστά δωμάτια αυτής της περιόδου. Το νότιο τμήμα του, πάνω από την δεξαμενή καθαρμών*, ήταν ελαφρά υπερυψωμένο και φαίνεται ότι απομονωνόταν από το βόρειο τμήμα με ένα στενό πλίνθινο μεσότοιχο, λείψανα του οποίου σώζονται στον ανατολικό και το δυτικό τοίχο. Στα βόρεια, μια στενή θύρα με ένα πήλινο κυλινδρικό προσκέφαλο στο κατώφλι, οδηγεί σε μια σειρά τεσσάρων μικρών τετράγωνων αποθηκών* (Ι 5 έως Ι 8), που εξυπηρετεί ένας πλακόστρωτος διάδρομος. Όλα τα αγγεία, πιθάρια* μικρών ή μεγάλων διαστάσεων, αμφορείς και πρόχοι, βρέθηκαν στη θέση τους, τοποθετημένα πάνω σε πεζούλια κατά μήκος των τοίχων ή αναποδογυρισμένα στο έδαφος (εικ. 29). Οι αποθήκες* Ι 5 και Ι 7 προορίζονταν για την αποθήκευση υγρών : αυλάκια κατά μήκος των πεζουλιών καταλήγουν σε συλλεκτήρες*. Η αποθήκη* Ι 6, που έχει απλώς πλάκες στα πλάγια, ίσως προοριζόταν ειδικότερα για τα δημητριακά, ενώ η Ι 8 δεν ήταν σε χρήση τη στιγμή της καταστροφής και περιείχε μόνο πολυάριθμες αγνύθες· είναι πιθανόν ότι είχαν εγκαταστήσει εκεί έναν αργαλειό· η αρχική πρόσβαση στο χώρο από τα δυτικά είχε κλεισθεί και είχε διαμορφωθεί ένα πέρασμα ανατολικά, στο κάτω μέρος μιας κλίμακας.

KTHPIO A 41

Οι μινωικοί αργαλειοί ήσαν όρθιοι : το στημόνι τεντωνόταν με τη βοήθεια πήλινων ή λίθινων βαριδιών («αγνύθες»). Πάρα πολλές αγνύθες βρέθηκαν σε όλη την έκταση της Συνοικίας «Μ»· σύνολα από τριάντα ή και περισσότερα σφαιρικά βαρίδια με μια οπή ανάλογη με τη διάμετρό τους και βάρος που κυμαίνεται από 100 έως 400 γρ. περίπου, αντιστοιχούν πιθανώς στα βαρίδια ενός αργαλειού : στην περίπτωση αυτή ανήκουν τα ευρήματα του Ι 8 καθώς και των επιχρισμένων* χώρων του Κτηρίου D (βλ. παραπάνω, σελ. 26).

Από την πλακόστρωτη στοά* Ι 1 μια μνημειώδης κλίμακα ανεβαίνει νότια προς τον όροφο· η πρώτη βαθμίδα που εξέχει είναι επενδυμένη με μια μακρόστενη πέτρινη πλάκα : είναι η πιο πλατιά (1,45 μ.) και επιμελημένη κλίμακα από τις πολυάριθμες που εξυπηρετούσαν τα δωμάτια των ορόφων. Ανατολικά των δύο κιόνων*, η στοά* Ι 1 πλαισίωνε ένα φωταγωγό* (Ι 1a) με επιχρισμένο* δάπεδο, ο οποίος εξασφάλιζε τον αερισμό και τον εσωτερικό φωτισμό του κτηρίου. Τα νερά της βροχής που θα έπεφταν στο φωταγωγό* διέφευγαν, μέσω μιας οπής στο νότιο τοίχο, προς τον αγωγό που διασχίζει τον προθάλαμο ΙΙ 1. Στη δυτική πλευρά, κοντά στην είσοδο, υπήρχε ένα μικρό δωμάτιο (Ι 2) με πεζούλια σε σχήμα Γ.

Στα νότια του φωταγωγού*, μια θύρα οδηγεί στον προθάλαμο ΙΙ 1 και στη μικρή αυλή με στοά* ΙΙΙ 1 (βλ. παρακάτω, σελ. 43).

Το «πολύθυρο»* και τα προσκείμενα δωμάτια (εικ. 30)

Η μεγάλη αίθουσα Ι 13, ανατολικά του φωταγωγού* Ι 1a, παρουσιάζει ιδιαίτερο ενδιαφέρον, αν και δεν διατηρείται σε καλή κατάσταση : μόνο στη δυτική της άκρη που ανοίγει προς το φωταγωγό* και τη στοά* Ι 1 μπορεί κανείς να δει το σύστημα του τρίθυρου με τους δύο πεσσούς* (ανάλογο με αυτό της αίθουσας Ι 10), που αποτελούσε την είσοδο· το ίδιο αυτό σύστημα επαναλαμβάνεται στην ανατολική άκρη και στο κέντρο, διαιρώντας την αίθουσα σε δύο ίσα τμήματα. Το σχέδιο αυτό με τα πολλαπλά ανοίγματα, που εμφανίζεται εδώ για πρώτη φορά στην Κρήτη, ονομάζεται μινωικό «πολύθυρο»* και θα επαναληφθεί σε μια πιο εξελιγμένη μορφή στα ανάκτορα και στις μεγάλες επαύλεις της επόμενης περιόδου.

Το «πολύθυρο»* αυτό, το τριπλό άνοιγμα του οποίου οδηγεί δυτικά στη στοά* με τους κίονες*, εμφανίζει ίχνη μετασκευών. Σε μια πρώτη φάση περιοριζόταν στο ανατολικό τμήμα (Ι 13 ανατολικό) και είχε προς τα δυτικά μια αίθουσα που άνοιγε προς το φωταγωγό*. Η αίθουσα αυτή μετατράπηκε αργότερα σε δεύτερο «πολύθυρο»*. Τέλος, μια μεταγενέστερη μετασκευή κατέληξε στο κλείσιμο των δύο από τα τρία ανοίγματα της δυτικής πλευράς.

Η μνημειώδης μορφή αυτού του συνόλου τονιζόταν από τη διακόσμηση του νότιου τοίχου του ανατολικού Ι 13, όπου εμπίεστες γραμμές πάνω στο κονίαμα* σχηματίζουν τρία ορθογώνια τύμπανα ίσων διαστάσεων.

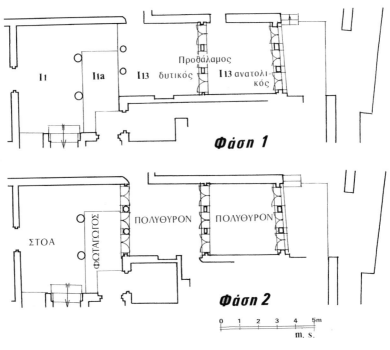

Εικ. 30. — Κάτοψη του τομέα με το πολύθυρο.

Το «πολύθυρο»* συνορεύει προς Βορρά με δύο ισομεγέθη δωμάτια (I 24 και I 23), τα οποία ήσαν όμοια σε κάτοψη με τις αποθήκες* I 5 και I 6 και σε μια πρώτη φάση επικοινωνούσαν, όπως και εκείνες, με το κύριο δωμάτιο : αργότερα η θύρα κλείστηκε και η είσοδος μεταφέρθηκε στην ανατολική πλευρά· τα δωμάτια αυτά, όμως, με δάπεδο επιχρισμένο επιμελώς με κόκκινο κονία-μα*, ανακαλύφθηκαν εντελώς άδεια και τίποτα δεν μας επιτρέπει να προσδιορί-σουμε τη συγκεκριμένη χρήση τους. Από τη μια κι από την άλλη πλευρά των δύο δωματίων, μερικά σκαλοπάτια (κλίμακες I B, I D) οδηγούσαν προς τη Βόρεια Πλατεία, που πιθανώς χρησίμευε για διάφορες οικιακές ή εργαστηρια-κές δραστηριότητες. Ένα στενό πεζοδρόμιο από αμμούδα*, με πλάκες τοποθετημένες σαν ορθοστάτες*, ακολουθεί στο σημείο αυτό τη βόρεια πρό-σοψη του κτηρίου.

Ο τομέας III

Όλα τα δωμάτια που βρίσκονται στα νότια της πεζογέφυρας (τομέας III, στον οποίο πρέπει να προστεθεί το δωμάτιο I 20), αποτελούν επέκταση του αρχικού οικοδομήματος. Το νέο αυτό συγκρότημα (του οποίου είδαμε ήδη το νοτιοδυτικό τμήμα που αποτελείται από μεγάλες αποθήκες*, σελ. 34), συνδέθηκε με το προηγούμενο μέσω δύο εσωτερικών χώρων, του προθαλάμου ΙΙ 1 και της μικρής αυλής με στοά* ΙΙΙ 1, ρόλος της οποίας ήταν να εξασφαλίζει, σύμφωνα με μια γενική αρχή της μινωικής αρχιτεκτονικής, την επικοινωνία μεταξύ των διαφόρων τμημάτων του κτηρίου.

Ο τετράγωνος πλακόστρωτος χώρος ΙΙ 1 αποτελούσε πιθανώς, στην αρχική του μορφή, τον προθάλαμο της εισόδου του Κτηρίου Α· στα νότια, η πλάκα του κατωφλιού (κάτω από την πεζογέφυρα) φέρει δύο μικρές κοιλότητες, που θα πρέπει να συνδέονται με το σύστημα ασφάλισης μιας δίφυλλης θύρας με κάθετο σύρτη. Ένα μακρόστενο δωμάτιο μικρών διαστάσεων με πεζούλι (ΙΙ 2) υπήρχε και εδώ δίπλα στην είσοδο.

Από τον προθάλαμο αυτό δύο άλλες κλίμακες οδηγούσαν στον όροφο. Η μια (ΙΙ Α, στα βόρεια της πεζογέφυρας), σε σχήμα Γ, διατηρεί τις τρεις πρώτες βαθμίδες που καταλήγουν σε ένα τετράγωνο πλατύσκαλο, καθώς και τέσσερις βαθμίδες του δεύτερου βραχίονα που κατέπεσαν στο χώρο του κλιμακοστασίου. Η πρώτη βαθμίδα, που εξέχει μέσα στον προθάλαμο σύμφωνα με τη μινωική συνήθεια, συνεχίζεται με ένα πεζούλι, το οποίο καταλαμβάνει όλο το μήκος του ανατολικού τοίχου. Η δεύτερη κλίμακα, με ένα μόνο βραχίονα (ΙΙ Β, ακριβώς στα νότια της πεζογέφυρας), έχει κτιστεί πάνω από το ανατολικό τμήμα του πλακόστρωτου μιας προγενέστερης στοάς* στο ΙΙΙ 1· είναι επομένως αποτέλεσμα μιας μετασκευής σε αυτή τη ζώνη, όπως αποδεικνύεται, άλλωστε, και από την παρουσία μιας βάσης κίονα κάτω από το άκρο του ανατολικού τοίχου.

Ο φωταγωγός* της μικρής αυλής ΙΙΙ 1 πλαισιώνεται ανατολικά και νότια από μια πλακόστρωτη στοά*, ενώ ο πέτρινος αγωγός που ξεκινούσε από το φωταγωγό* του τομέα Ι (Ι 1a) τον διέσχιζε διαγώνια. Ο αγωγός αυτός, που ακολουθεί στην αρχή το δυτικό τοίχο του προθαλάμου ΙΙ 1, είναι κτισμένος επιμελώς με λιθόπλινθους αμμούδας* οι οποίοι έχουν σκαφτεί και εν μέρει καλυφθεί, στη ΝΑ γωνία του ΙΙΙ 1, από το πλακόστρωτο της αυλής· κατευθύ-νεται κατόπιν προς ένα φρεάτιο στη ΝΑ γωνία του κτηρίου (δωμάτιο ΙΙΙ 13). Όπως ο προθάλαμος ΙΙ 1, η μικρή αυλή ΙΙΙ 1 επέτρεπε την πρόσβαση αφενός στον όροφο των ΝΔ αποθηκών* μέσω δύο νέων παράλληλων κλιμάκων (ΙΙΙ Α και ΙΙΙ Β), από τις οποίες σώζεται μόνο το κάτω τμήμα, και αφετέρου στα περισσότερα δωμάτια του ισογείου του τομέα ΙΙΙ.

Στη ΝΑ γωνία της μικρής αυλής ΙΙΙ 1, μια θύρα οδηγεί σε μια άλλη αίθουσα μεγάλων διαστάσεων με πεζούλια τριγύρω (ΙΙΙ 4), προορισμένη πιθανώς για συναθροίσεις ή τελετές. Βρέθηκαν εδώ πολλές ομάδες κυπέλλων και πολλές τριποδικές κύλικες, καθώς και ένα αγγείο τύπου Χαμαιζίου* με γραπτή επιγραφή (6λ. εικ. 20)· ακριβώς απέναντι στην είσοδο υπάρχει ένα ερμάριο (ΙΙΙ 2) κάτω από μια κλίμακα, όπου βρέθηκε άφθονη οικιακή σκευή.

Εικ. 31. — Διακοσμημένες πρόχοι από το Κτήριο Α.

Τα δωμάτια στο ανατολικό τμήμα αυτού του τομέα (ΙΙΙ 3, Ι 20, ΙΙΙ 11-13)
έχουν τελείως διαφορετική μορφή : πρόκειται για μεγάλων διαστάσεων ημιυ-
πόγεια, με ανώμαλο δάπεδο, παχείς τοίχους χωρίς κονίαμα*, χτισμένους με
λογάδες λίθους ή με κυβόλιθους σε δεύτερη χρήση· στην ουσία χρησίμευαν
κυρίως για να υποβαστάζουν τα δάπεδα των δωματίων του υπερυψωμένου
ισογείου. Η πρόσβαση στους ημιυπόγειους αυτούς χώρους γινόταν από τη ΝΑ
γωνία της μικρής αυλής ΙΙΙ 1, μέσω ενός ανοίγματος με κατώφλι αποτελού-
μενο από μια γούρνα με διπλή κοιλότητα, τύπο συνηθισμένο στα Μάλια. Αυτοί
οι μικροί χώροι, που μπορεί να χρησίμευαν και ως στάβλοι, είχαν χαμηλά
ανοίγματα, σαν φεγγίτες, προς ένα δρομάκι που περνάει στα ανατολικά του
κτηρίου (Ανατολικός Δρόμος).

Τετράγωνες λιθόπλινθοι από αμμούδα* με δύο κοιλότητες (μία συνήθως κυκλική
και μία τετράγωνη) βρέθηκαν σε πολλά μινωικά σπίτια των Μαλίων : ειδικά με
αυτή τη μορφή φαίνεται ότι είναι άγνωστες στις υπόλοιπες μινωικές θέσεις και
αποτελούν μιαν ιδιαιτερότητα των Μαλίων. Είναι συχνά τοποθετημένες σε εισόδους
μικρών υπογείων ή ημιυπογείων χώρων. Αρκετές βρέθηκαν στο εσωτερικό των
ημιυπόγειων χώρων του τομέα ΙΙΙ, σε διάφορα σημεία, όπως στη θέση των
φεγγιτών. Η χρήση τους παραμένει αινιγματική : προτάθηκε, μεταξύ άλλων, ότι οι
γούρνες αυτές με διπλή κοιλότητα μπορεί να χρησίμευαν ως παχνιά ζώων.

Ο Ανατολικός Δρόμος, με έναν ακανόνιστο τοίχο στο πλάι, κατά μήκος μιας
επιχωματωμένης ζώνης, καθορίζει ακριβώς σε αυτό το σημείο τα όρια του
κτηρίου. Επέτρεπε την άμεση πρόσβαση στο υπερυψωμένο ισόγειο μέσω μιας
πέτρινης σκάλας (ΙΙΙ D), οι βαθμίδες της οποίας έσπασαν στη μέση όταν
κατέρρευσε το κτήριο. Πολυάριθμα αντικείμενα, όπως αγγεία και θραύσματα
λεπτής κεραμεικής (εικ. 31), σφραγίδες και σφραγίσματα, πινακίδες και «δι-
σκία» (είδος σημάτων) με ιερογλυφική γραφή*, που έπεσαν στα ημιυπόγεια τη
στιγμή της καταστροφής, μαρτυρούν την παρουσία αποθηκών* και διοικητι-

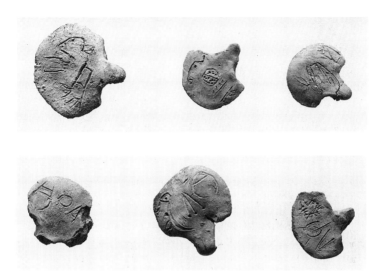

Εικ. 32. — Δισκία με ιερογλυφικά σημεία.

Εικ. 33. — Πινακίδα με λογιστικό περιεχόμενο.

κών αρχείων* στο χώρο αυτό. Ένα σύνολο από 12 ενεπίγραφα «δισκία» (εικ. 32) περισυλλέχθηκε στο χώρο III 3· πινακίδες με λογιστικό περιεχόμενο (εικ. 33), που βρέθηκαν στα δωμάτια III 5 και III 13, μας επιτρέπουν να υποθέσουμε ότι υπήρχαν εκεί γραφεία αρχείων*. Από το υπερυψωμένο ισόγειο μπορούσε κανείς, μέσω της κλίμακας III C, να κατεβεί στο δωμάτιο με κίονα III 14 και στους βοηθητικούς του χώρους (III 5, III 18), ο ακριβής προορισμός των οποίων παραμένει δυσδιάγνωστος.

Γραφείς και διοικητικοί υπάλληλοι

Η γραφή που μεταχειρίζονταν στα Μάλια την παλαιοανακτορική* περίοδο ήταν η κρητική ιερογλυφική* (δεν έχει καμία σχέση με την αιγυπτιακή ιερογλυφική). Η γραφή αυτή δεν έχει αποκρυπτογραφηθεί : ο συνολικός αριθμός των γραπτών μαρτυριών που έχουν βρεθεί στην Κρήτη είναι πολύ μικρός (270 σύντομα κείμενα) για να μας επιτρέψει την αποκρυπτογράφηση και επιπλέον δεν βρέθηκε καμία δίγλωσση επιγραφή. Εκείνο που γνωρίζουμε είναι ότι πρόκειται για συλλαβική γραφή (κάθε σημείο αντιπροσωπεύει μια συλλαβή)· μόνο όμως οι αριθμοί, που ανήκουν σε ένα δεκαδικό σύστημα, μπορούν να «διαβαστούν». Την ίδια αυτή περίοδο, σε άλλα μέρη της Κρήτης (όπως π.χ. στη Φαιστό) απαντά μια γραφή του ιδίου τύπου με διαφορετικά όμως σημεία, η οποία θα εξελιχθεί στη γραφή της νεοανακτορικής* περιόδου : πρόκειται για τη γραμμική Α* γραφή, που δεν έχει ούτε αυτή αποκρυπτογραφηθεί. Στα Μάλια μαρτυρείται αποκλειστικά στη νεοανακτορική περίοδο.

Τα τεκμήρια με ιερογλυφική γραφή* που βρέθηκαν στα Κτήρια Α και Β της Συνοικίας «Μ» αντιπροσωπεύουν το ένα τέταρτο περίπου των ιερογλυφικών* κειμένων της Κρήτης. Αν εξαιρέσει κανείς μερικές επιγραφές πάνω σε σφραγίδες ή σε αγγεία, πρόκειται για διοικητικά κείμενα πάνω σε κομμάτια πηλού διαφόρων σχημάτων : πινακίδες, «δισκία», «κώνους». Τα σημεία χαράσσονταν με μυτερές ακίδες πάνω σε νωπό πηλό, που άφηναν απλώς να στεγνώσει : τα ενεπίγραφα αυτά τεκμήρια, ιδιαίτερα εύθραυστα, δεν προορίζονταν να διατηρηθούν για μεγάλο χρονικό διάστημα και τα περισσότερα έχουν εξαφανισθεί. Μόνον όσα ψήθηκαν τυχαία από πυρκαγιά, που συχνά προκλήθηκε κατά την καταστροφή των κτηρίων, βρέθηκαν στις ανασκαφές. Αν και είναι πιθανόν ότι υπήρχαν κείμενα γραμμένα πάνω σε διάφορα άλλα υλικά (φοινικόφυλλα, περγαμηνή), κανένα τέτοιο δείγμα δεν σώθηκε.

Τα ενεπίγραφα τεκμήρια επιτρέπουν να παρακολουθήσει κανείς την εργασία των γραφέων και των διοικητικών υπαλλήλων στις αποθήκες* και στα αρχεία*. Επί τόπου, μέσα στις αποθήκες* αναδιανομής, οι γραφείς κατέγραφαν τη διακίνηση των προϊόντων πάνω σε πήλινα πλακίδια ή ετικέτες· τα κομμάτια αυτά μπορούσαν κατόπιν να αποτελέσουν μέρος ενός ανακεφαλαιωτικού ευρετηρίου αρχείων*· δύο πινακίδες του Κτηρίου Α, όπου καταγράφονται υψηλοί αριθμοί (7000 σε μία περίπτωση, 270 και 890 στην άλλη), ανήκουν πιθανότατα σε τεκμήρια τέτοιου τύπου λογιστικών αρχείων*.

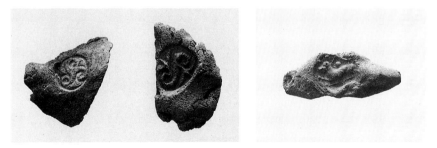

Εικ. 34. — Διάφορα σφραγίσματα.

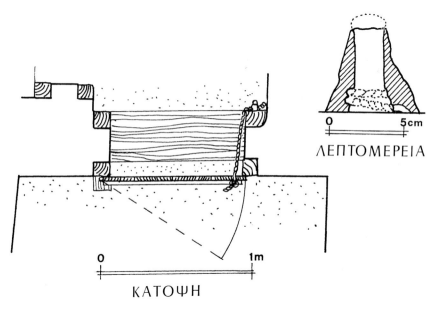

Εικ. 35. — Σφράγισμα θύρας (γραφική αποκατάσταση).

Εικ. 36. — Πήλινοι βώλοι με σφραγίσματα.

Οι αποθήκες*, καθώς και τα πιθάρια* ή τα κιβώτια που στεγάζονταν σε αυτές, αποτελούσαν αντικείμενο αυστηρού ελέγχου, για τον οποίο μαρτυρούν τα σφραγίσματα. Πρόκειται και εδώ για κομμάτια ωμού πηλού με τα οποία σφράγιζαν είτε τα πώματα των πιθαριών είτε τα λεπτά σχοινιά (σπάγγους ή λουριά) που τύλιγαν γύρω από τις ξύλινες καβίλιες για να κλείσουν τις θύρες. Οι διοικητικοί υπάλληλοι, που ήσαν υπεύθυνοι για τις αποθήκες* και τα τρόφιμα, έβαζαν τη σφραγίδα τους πάνω σ' αυτά τα κομμάτια πηλού (εικ. 34-35)· επειδή τα σφραγίσματα έσπαζαν όταν άνοιγαν οι πόρτες, επανατοποθετούσαν άλλα κάθε φορά, ίσως μάλιστα πολλές φορές την ημέρα. Τα σπασμένα κομμάτια φυλάγονταν προσεκτικά στα αρχεία*, ως αποδεικτικά των συναλλαγών που είχαν εκτελεσθεί : ο αποθέτης σφραγισμάτων που βρέθηκε στο πρώτο ανάκτορο της Φαιστού αποτελείται από θραύσματα αυτού του είδους. Αυτό το σύστημα σφραγισμάτων χρησιμοποιούσαν ευρύτατα εκείνη την εποχή σε μια εκτεταμένη γεωγραφική ζώνη, που άρχιζε από την κοιλάδα του Ινδού ποταμού και έφθανε μέχρι το Σουδάν και την Αίγυπτο. Βεβαιώνεται και στον ελλαδικό χώρο γύρω στα τέλη της 3ης χιλιετίας (στη Λέρνα της Αργολίδας).

Πήλινοι βώλοι με αποτυπώματα σφραγίδων, χωρίς ίχνη από σπάγγους, βρέθηκαν μαζί με τα άλλα σφραγίσματα (εικ. 36) : μπορεί να αποτελούσαν αποδείξεις που έδιναν οι ημερομίσθιοι για την πληρωμή της εργασίας τους.

Ο Ανατολικός Δρόμος προεκτεινόταν στα βόρεια της πεζογέφυρας και προχωρούσε στο σημείο αυτό κατά μήκος ενός συγκροτήματος κοινοχρήστων χώρων (Ι 14-Ι 19, ΙΙ 3), οι οποίοι συνδέονταν με το πολύθυρο* Ι 13. Σε πολλούς από αυτούς διακρίνονται ίχνη επισκευών· μεγάλες πλάκες καλύπτουν το επιχρισμένο* δάπεδο του Ι 14. Οι χώροι Ι 15 και Ι 19, όπου μπορεί κανείς να δει ακόμη γούρνες στη θέση τους πάνω στο έδαφος, ταυτίζονται πιθανώς με μαγειρείο : ένας αγωγός ξεκινάει από τη ΝΑ γωνία του Ι 19 προς τον εξωτερικό πλακόστρωτο δρόμο και καταλήγει στο ημιυπόγειο Ι 20. Το μεγαλύτερο δωμάτιο, Ι 16 (καλύπτεται εν μέρει από την πεζογέφυρα), ήταν μια αποθήκη*, όλα τα πιθάρια* της οποίας βρέθηκαν και εδώ στη θέση τους, κατά μήκος των τοίχων.

ΤΟ ΚΤΗΡΙΟ Ε

Εγκαταλείποντας την πεζογέφυρα προχωρούμε, στα ανατολικά του Ανατολικού Δρόμου, κατά μήκος της νότιας πλευράς του Κτηρίου Ε. Το δυτικό τμήμα αυτού του συγκροτήματος (δωμάτια XII 1 έως XII 6) αποτελούσε πιθανότατα παράρτημα του Κτηρίου Α, με το οποίο το συνέδεε ο Ανατολικός Δρόμος και η Ανατολική Μικρή Αυλή. Αποτελείται από μια σειρά μεγάλων τετράγωνων δωματίων στο ισόγειο, η κάτοψη των οποίων θυμίζει αποθήκες*, αλλά που βρέθηκαν εντελώς άδεια. Η παρουσία αποθηκών* στον όροφο είναι πάντως βεβαιωμένη από το πλήθος των πιθαριών και των αντικειμένων (μια σειρά από μεγάλες πήλινες κύλικες με υψηλό πόδι και πολλά λίθινα αγγεία) που κατέπεσαν τη στιγμή της τελικής καταστροφής· οι πέτρινες πλάκες που φαίνονται ακόμη στο XII 3 προέρχονται και αυτές από τον όροφο, στον οποίο οδηγούσε η κλίμακα XII Α, που ξεκινούσε από τον προθάλαμο XII 1.

Πέρα από τα τόξα του στέγαστρου, στη συνέχεια του Κτηρίου Ε, εκτείνονταν άλλες κατοικίες της παλαιοανακτορικής* περιόδου, από τις οποίες ανασκάφηκε μόνο μία, το Κτήριο F, στα 1991.

ΓΕΝΙΚΑ ΣΥΜΠΕΡΑΣΜΑΤΑ

Η πρωτοτυπία των Μαλίων
στα παλαιοανακτορικά χρόνια

Η ανακάλυψη της Συνοικίας «Μ» έφερε στο προσκήνιο ένα από τα πιο πρωτότυπα χαρακτηριστικά των Μαλίων στα χρόνια των πρώτων ανακτόρων : την ύπαρξη μεγάλων αρχιτεκτονικών συγκροτημάτων με ειδική λειτουργία κοντά στο Ανάκτορο. Τα Κτήρια Α και Β της Συνοικίας «Μ» ξεπερνούν κατά πολύ σε μέγεθος τις συνηθισμένες κατοικίες ιδιωτών. Οι λειτουργίες τους είναι πολύπλοκες και θυμίζουν εκείνες του Ανακτόρου : αναγνωρίζονται αίθουσες θρησκευτικού χαρακτήρα, επίσημοι χώροι, διοικητικά γραφεία, αποθήκες* για προμήθειες· τα εργαστήρια βρίσκονται εκεί κοντά, συγκεντρωμένα σε ένα είδος εργαστηριακής ζώνης. Επειδή δεν υπάρχουν κείμενα που να μπορούν να αποκρυπτογραφηθούν, είναι δύσκολο να προσδιορίσει κανείς ποια ήσαν τα πρόσωπα — επίσημοι ή ανώτατοι διοικητικοί υπάλληλοι — που διηύθυναν αυτά τα κτήρια και τι σχέσεις διατηρούσαν με το Ανάκτορο. Αποκαλύπτουν, ωστόσο, μια πολύπλοκη αστική οργάνωση, η οποία δεν λειτουργεί αποκλειστικά με κέντρο το Ανάκτορο.

Εκτός από τη Συνοικία «Μ», στα Μάλια βρέθηκαν και άλλα μεγάλα συγκροτήματα της παλαιοανακτορικής* περιόδου. Η έπαυλη Α, στα βόρεια της πόλης κοντά στη ζώνη των νεκροταφείων, καταχώθηκε μετά τις ανασκαφές. Σήμερα είναι ορατά, εκτός από ορισμένα αρχιτεκτονικά κατάλοιπα του πρώτου ανακτόρου και των αποθηκών* Dessenne, τα λείψανα της Υπόστυλης* Κρύπτης.

Το πρώτο ανάκτορο

Το πρώτο ανάκτορο, που καταστράφηκε γύρω στα 1700 π.Χ. και καλύφθηκε από τις επόμενες οικοδομικές φάσεις (τα σημερινά κατάλοιπα ανήκουν στο δεύτερο ανάκτορο που καταστράφηκε γύρω στο 1450 π.Χ.), είναι γνωστό μόνο πολύ αποσπασματικά. Πρόσφατες δοκιμαστικές τομές επέτρεψαν να προσδιο-

Εικ. 37. — Αεροφωτογραφία της Υπόστυλης Κρύπτης.

ριστούν ορισμένα στοιχεία της μορφής του. Υπήρχε ήδη μια κεντρική αυλή, και στο δυτικό τμήμα, κάτω από τα δωμάτια ΙΙΙ 1 και ΙΙΙ 2, αναγνωρίστηκαν μνημειακές αίθουσες μεγάλων διαστάσεων με επιχρισμένο* δάπεδο και θρανία με σύστημα αυλακιών και συλλεκτήρων* · από εκεί προέρχονται δύο χάλκινα ξίφη και κυρίως το λεγόμενο «ξίφος του ακροβάτη», που φυλάσσεται στο Μουσείο Ηρακλείου : το σώμα ενός ακροβάτη διακοσμούσε, με έκκρουστη τεχνική, το χρυσό δακτύλιο πάνω στο ελεφάντινο «μήλο» του ξίφους. Βρέθηκε, επίσης, ένα σύνολο από μικρά αγγεία που έφεραν χαράξεις στο λαιμό (αγγεία τύπου Χαμαιζίου*), από τα οποία ένα φέρει μια επιγραφή με ιερογλυφικά* σημεία, ανάλογη με εκείνη της Συνοικίας «Μ» (βλ. παραπάνω, εικ. 19).

Στην παλαιοανακτορική* περίοδο χρονολογείται επίσης ένα σύνολο τοίχων ορατών στο βορειοδυτικό τομέα του ανακτόρου : ανήκουν σε αποθήκες* με πρόσβαση από ένα διάδρομο, καθώς και σε μιαν επιχρισμένη* αυλή με στοά*. Ο μεγάλος πίθος* με πλαστική σχοινοειδή διακόσμηση, που είναι τοποθετημένος κοντά στη βόρεια είσοδο του Ανακτόρου, προέρχεται από το πρώτο αυτό ανακτορικό κτήριο.

Οι αποθήκες* Dessenne. Ένα συγκρότημα αποθηκών* μεγάλων διαστάσεων με πιθάρια*, που ανακάλυψε το 1960 ο Α. Dessenne μερικά μέτρα από τη νοτιοδυτική γωνία του Ανακτόρου και το οποίο σήμερα έχει καταχωθεί, είναι σύγχρονο του παλαιού ανακτόρου.

Η Υπόστυλη* Κρύπτη και η Αγορά

Η *Υπόστυλη* * *Κρύπτη*, που ήρθε στο φως το 1960 (εικ. 37), αποτελείται από μια σειρά υπογείων δωματίων, η στέγη των οποίων στηριζόταν σε δύο σημεία πάνω σε κίονες*. Αποτέλεσε, τόσο για τα Μάλια όσο και για την υπόλοιπη Κρήτη, το πρώτο παράδειγμα αιθουσών αποκλειστικά υπόγειων, δύο μέτρα σχεδόν κάτω από τη σημερινή στάθμη του εδάφους. Η πρόσβαση στην Κρύπτη γινόταν από το δυτικό της άκρο, μέσω μιας κλίμακας σε σχήμα Γ με 12 βαθμίδες. Μια δεύτερη κλίμακα, πιο στενή, ακριβώς στα βόρεια της προηγούμενης, πρέπει να οδηγούσε στα δωμάτια του ορόφου. Και οι δύο κατέληγαν σε μια πρώτη αίθουσα με χαμηλό πεζούλι στις τρεις πλευρές της· τα ίχνη του κορμού ενός κίονα διατηρούνται μέσα στο επίχρισμα* του δαπέδου, στην προέκταση του τοίχου που χωρίζει τις δύο κλίμακες.

Η τελευταία αίθουσα της Κρύπτης, που διαθέτει και αυτή τριπλό πεζούλι, επικοινωνούσε μέσω μιας μικρής κλίμακας τεσσάρων βαθμίδων με μια σειρά από 5 μεγάλες ημιυπόγειες αποθήκες*, που σχημάτιζαν ένα είδος παραρτήματος. Είναι τοποθετημένες στη σειρά και διαθέτουν το συνηθισμένο σύστημα αυλακιών και συλλεκτήρων*.

Μερικά μέτρα βορειότερα των αποθηκών* βρίσκεται η ΝΔ είσοδος μιας μεγάλης ορθογώνιας αυλής («*Αγορά*»), η διαμόρφωση της οποίας ανάγεται στην παλαιοανακτορική* περίοδο. Η αυλή αυτή, με προσανατολισμό γενικά Α-Δ, έχει διαστάσεις περίπου 40 × 30 μ. : είναι η μεγαλύτερη γνωστή πλατεία της μινωικής Κρήτης. Έχει μορφή μνημειακή και ήταν κλειστή και από τις τέσσερις πλευρές της με μια ογκώδη λιθοδομή, η οποία δεν αποκλείεται να υποβάσταζε σειρές εδωλίων : μπορεί, επομένως, να είχε χρησιμεύσει ως χώρος συγκέντρωσης, για τελετές που προσήλκυαν ένα ευρύ κοινό· η βάση αυτών των λίθινων όγκων ήταν επενδυμένη με μεγάλους ορθοστάτες* από άσπρο ασβεστόλιθο. Μια πλατιά πλακόστρωτη είσοδος, στη νοτιοανατολική γωνία, επικοινωνούσε με έναν κακοδιατηρημένο δρόμο στην προέκταση του Βόρειου Πλακόστρωτου Δρόμου του Ανακτόρου. Στα βορειοανατολικά, μια τρίτη είσοδος συνέδεε αυτή την πλατεία με άλλους δρόμους της πόλης.

Οι αίθουσες της Υπόστυλης* Κρύπτης ερμηνεύτηκαν από τον ανασκαφέα H. van Effenterre ως αίθουσες πολιτικών συγκεντρώσεων σε συνδυασμό με την Αγορά, η οποία ήταν, κατ' αυτόν, μια πλατεία λαϊκών συνελεύσεων. Άλλοι αρχαιολόγοι, όπως ο Ν. Πλάτων, υποστήριξαν ότι θα έπρεπε μάλλον να συσχετισθούν με τελετές ή εορτές που διαδραματίζονταν στην πλατεία.

Δύο ακόμη χαρακτηριστικά τονίζουν την πρωτοτυπία της πόλης των Μαλίων κατά την παλαιοανακτορική* περίοδο : η ύπαρξη ανεξάρτητων αστικών ιερών και η ποικιλία των παραθαλάσσιων νεκροπόλεων.

Εικ. 38. — Η είσοδος του Ιερού των
Κεράτων Καθιέρωσης.

Τα ιερά

Δύο οικοδομήματα, από τα οποία το ένα (το ΜΜ ΙΙ Ιερό) ανήκει ακριβώς στην ίδια περίοδο με τη Συνοικία «Μ», ενώ το άλλο (το Ιερό των Κεράτων Καθιέρωσης) είναι χρονολογημένο με λιγότερη ασφάλεια, αλλά εντάσσεται πιθανώς και αυτό στην ίδια περίοδο, αποτελούν τα αρχαιότερα παραδείγματα ανεξάρτητων ιερών. Το ΜΜ ΙΙ Ιερό έπρεπε να καταχωθεί για λόγους συντήρησης. Ορατά παραμένουν μόνον τα κατάλοιπα του Ιερού των Κεράτων Καθιέρωσης. Τέλος, στην κορυφή του λόφου του Προφήτη Ηλία, στα νότια του αρχαιολογικού χώρου, ένα μικρό ιερό κορυφής κατελάμβανε πιθανώς τη θέση του σημερινού ομώνυμου ξωκλησιού.

Το Ιερό των Κεράτων Καθιέρωσης*

Εκατό μέτρα περίπου δυτικά της Οικίας Ε, ακολουθώντας την πορεία ενός παλιού δρόμου, μπορεί να φθάσει κανείς στα λείψανα του Ιερού των Κεράτων Καθιέρωσης*, που προστατεύεται από μια περίφραξη· βρέθηκε το 1956 και έχει ανασκαφεί εν μέρει. Το Ιερό αυτό οφείλει το όνομά του στις σειρές επιχρισμένων* κεράτων καθιέρωσης* που διακοσμούν τα στηθαία από λεπτές όρθιες πλάκες, κοντά στην ανατολική του είσοδο (εικ. 38). Το συγκρότημα ήταν ελαφρώς ημιυπόγειο, όπως ακριβώς και οι δεξαμενές καθαρμών*· η πρόσβαση γινόταν, ανατολικά και δυτικά, από κλίμακες με λίγες βαθμίδες. Η ανατολική κλίμακα έφθανε καταρχήν σ' έναν προθάλαμο (η ανασκαφή δεν έχει ολοκληρωθεί) με πεζούλι στη γωνία και κατόπιν οδηγούσε σε μια μεγάλη ορθογώνια αίθουσα. Στη ΒΑ γωνία, ο κύριος χώρος ήταν χωρισμένος σε τρία τμήματα από δύο αντιθετικά τοιχάρια, ενώ η είσοδός του σημειωνόταν με τα κέρατα καθιέρωσης*. Ένα θραύσμα από τοιχογραφία που βρέθηκε στο ιερό αυτό προέρχεται από επισκευή της επόμενης περιόδου.

Το ΜΜ ΙΙ Ιερό

Ανακαλύφθηκε το 1965, με την ευκαιρία της ανέγερσης του Στρωματογραφικού Μουσείου. Αυτό το ανεξάρτητο ιερό έχει κάτοψη ανάλογη με εκείνην του ιερού της Συνοικίας «Μ» (βλ. παραπάνω, σελ. 32). Ένας πλακόστρωτος δρόμος οδηγούσε σε έναν προθάλαμο, από τον οποίο έμπαινε κανείς, δυτικά, σε ένα δωμάτιο-αποθήκη και, ανατολικά, στο κυρίως ιερό. Μια πήλινη ορθογώνια εστία με έκκεντρη κοιλότητα βρισκόταν στη μέση του ιερού· σε μια γωνία, πάνω σε ένα βάθρο με βαθμίδες, ήταν τοποθετημένα αγγεία και κοντά στην είσοδο ένα πιθάρι* βυθισμένο στο έδαφος· θα πρέπει να χρησίμευε για σπονδές*. Μικρές στρογγυλές τράπεζες προσφορών και μια πήλινη απομίμηση κοχυλιού (τρίτων*) αποτελούσαν το υλικό αυτού του ιερού.

Το ιερό κορυφής στον Προφήτη Ηλία

Το τρίτο ιερό που αποδίδεται στην παλαιοανακτορική* περίοδο ανήκει στην κατηγορία των ιερών κορυφής, που συναντώνται πιο συχνά στην ανατολική Κρήτη και χαρακτηρίζονται, κυρίως σ' αυτήν την περίοδο, από τη μαζική απόθεση ειδωλίων. Κοντά στην κορυφή του λόφου του Προφήτη Ηλία, οι δοκιμαστικές τομές του 1928 αποκάλυψαν αναλημματικούς τοίχους ανδήρων, λείψανα ενός δωματίου με πεζούλια και θραύσματα από πιθάρια*· βρέθηκε επίσης ένα πήλινο ομοίωμα σκαραβαίου, ενός τύπου γνωστού και από άλλα ιερά κορυφής.

Οι νεκροπόλεις : από το Χρυσόλακκο στο νησάκι του Χριστού

Οι τάφοι της παλαιοανακτορικής* περιόδου βρίσκονταν όλοι στην παραλία, έξω από τα όρια της πόλης. Συγκριτικά, παρουσιάζουν μεγαλύτερη ποικιλία από τους τάφους των υπολοίπων μινωικών θέσεων : μνημειακό συγκρότημα του Χρυσόλακκου, οστεοφυλάκια διασκορπισμένα μέσα σε κοιλότητες βράχων της ακτής, ενταφιασμοί διαφόρων τύπων.

Εικ. 39. — Χρυσό περίαπτο με μέλισσες.

Από τη Συνοικία «Μ» μπορεί κανείς να φτάσει σε λίγα λεπτά στον ταφικό περίβολο του Χρυσόλακκου, ακολουθώντας προς τα βόρεια έναν αγροτικό δρόμο.

Το ταφικό συγκρότημα του Χρυσόλακκου συλήθηκε στα τέλη του περασμένου αιώνα και μόνον ορισμένα κοσμήματα, ανάμεσα στα οποία το περίφημο περίαπτο με τις μέλισσες (Μουσείο Ηρακλείου) (εικ. 39), βρέθηκαν στη διάρκεια των ανασκαφών της Γαλλικής Αρχαιολογικής Σχολής στα 1930-1933. Παρουσιάζεται σαν ένα μεγάλο τετράπλευρο οικοδόμημα, οι προσόψεις του οποίου αποτελούνται στα βόρεια και τα δυτικά από πολύ μεγάλους προσεκτικά λαξευμένους λίθους υποκύανου ασβεστόλιθου (σιδερόπετρα*) και στα ανατολικά και τα νότια από όρθιες πλάκες (ορθοστάτες*). Στρογγυλές οπές, που διακρίνονται σε πολλούς από αυτούς τους λίθους, υποδεικνύουν ότι πρόκειται για αρχιτεκτονικά μέλη σε δεύτερη χρήση, προερχόμενα από ένα παλαιότερο κτίσμα. Πλακόστρωτοι χώροι σε κακή κατάσταση διατήρησης περιβάλλουν το μνημείο· ανατολικά σώζεται μια σειρά από επτά τετράγωνες βάσεις πεσσών* που ανήκουν σε στοά*. Στο εσωτερικό του τετράπλευρου (όπου μέρος των ορατών τοίχων ανήκει σε προγενέστερα σπίτια), μπορεί κανείς να δει, προστατευμένον από ένα στέγαστρο, έναν επιχρισμένο* κύλινδρο με οδοντωτό περίγραμμα, που φαίνεται ότι ήταν ένας κοίλος βωμός σχετιζόμενος με την ταφική λατρεία.

Οι παλαιοανακτορικές* νεκροπόλεις εκτείνονται στην παραλία, δυτικά του Χρυσόλακκου. Δύο από τα «οστεοφυλάκια» που ερευνήθηκαν σε σχισμές των βράχων χρονολογούνται στην εποχή των πρώτων ανακτόρων· βρέθηκαν πολυάριθμα οστά και μερικά αγγεία. Η λεγόμενη νεκρόπολη των Αλετριβόπετρων, που σήμερα έχει καταχωθεί, περιελάμβανε ενταφιασμούς.

Σε απόσταση δύο περίπου χιλιομέτρων από τον αρχαιολογικό χώρο, πάνω στο νησάκι του Χριστού που βρίσκεται στο κέντρο του όρμου των Μαλίων (απέναντι από το σημερινό οικισμό) και το οποίο συνδεόταν πιθανώς με την ακτή στα μινωικά χρόνια, βρισκόταν η θέση μιας ακόμη νεκρόπολης, η οποία θα πρέπει να ανήκε σε κάποιον άλλον οικισμό της πεδιάδας. Σε αυτήν βρέθηκαν αρκετοί ενταφιασμοί μέσα σε πίθους*, χαρακτηριστική ταφική συνήθεια στα παλαιοανακτορικά* χρόνια.

ΓΛΩΣΣΑΡΙΟ

αμμούδα
«αμμόλιθος», τα λατομεία του οποίου είναι ακόμη ορατά στην ακτή, δυτικά της παραλίας (πλαζ). Λίθος μαλακός, λαξεύεται εύκολα σε κανονικές λιθοπλίνθους και έχει απόχρωση ώχρας.

αποθήκες
αίθουσες που προορίζονται για την αποθήκευση τροφίμων, υγρών ή στερεών· μερικές φορές χρησιμεύουν και ως θησαυροφυλάκια.

αρχεία
αποθέτης ενεπίγραφων τεκμηρίων ή σφραγισμάτων πάνω σε πηλό, τα οποία σχετίζονταν με τη διοίκηση και φυλάσσονταν σε ειδικό χώρο.

γραμμική Α γραφή
σύστημα συλλαβικής γραφής που μεταχειρίζονταν στην παλαιοανακτορική* και τη νεοανακτορική περίοδο· δεν έχει ακόμη αποκρυπτογραφηθεί.

δεξαμενή καθαρμών
δωμάτιο συνήθως ημιυπόγειο, με προορισμό τις τελετουργίες καθαρμού.

εξοχή
τμήμα τοίχου που εξέχει μεταξύ δύο εσοχών.

επίχρισμα
6λ. κονίαμα.

ιερογλυφική γραφή
μινωικό σύστημα συλλαβικής γραφής (χωρίς άμεση σχέση με την αιγυπτιακή ιερογλυφική)· χρησιμοποιήθηκε στην παλαιοανακτορική* περίοδο και δεν έχει ακόμη αποκρυπτογραφηθεί.

κέρατα καθιερώσεως
θρησκευτικό σύμβολο, συχνά σε συνδυασμό με τα λατρευτικά οικοδομήματα.

κίων
ξύλινο αρχιτεκτονικό υποστήριγμα κυκλικής διατομής· στη μινωική αρχιτεκτονική είναι πλατύτερο στην κορυφή και στενότερο στη βάση.

κοκκίδωση
τεχνική της χρυσοχοΐας που συνίσταται στη στερέωση μικροσκοπικών κοκκίδων χρυσού πάνω σε μεταλλική επιφάνεια.

κονίαμα
επίχρισμα* ασβέστη, με πάχος και σύσταση που ποικίλλουν· χρησιμοποιείται για να καλύψει τα δάπεδα

και τους τοίχους και να εξομαλύνει τις επιφάνειές τους· είχε διάφορα χρώματα (υπόλευκο, κίτρινο ώχρας, κυανό, κόκκινο). Η επένδυση του δαπέδου των αυλών μοιάζει με χονδροειδές κονίαμα*, τη λεγόμενη *terrazza* (χαλικάσβεστο), που αποτελείται από ασβέστη αναμιγμένο με ψιλό χαλίκι.

λίθος με κοιλότητες (κέρνος) λαξευμένος λίθος που φέρει στην πάνω επιφάνειά του μικρές κοιλότητες διευθετημένες συνήθως περιφερικά.

μωσαϊκό επένδυση του δαπέδου με πλάκες ακανόνιστου σχήματος· τα μεταξύ τους κενά διαστήματα γεμίζονται με χρωματιστό κονίαμα*.

ξυλοδεσιά σκελετός από οριζόντια και/ή κατακόρυφα ξύλα, που προορίζονται για την εξασφάλιση της συνοχής των τοίχων από πλίνθους ή πηλό.

οδόντωση κατακόρυφη θλάση στο περίγραμμα μιας πρόσοψης.

ορθοστάτες λιθόπλινθοι ή λίθινες πλάκες τοποθετημένες όρθια.

οψιανός ηφαιστειογενής γκριζόμαυρος υαλώδης λίθος (αφθονεί στη Μήλο), που εισαγόταν στην Κρήτη για την κατασκευή λεπίδων.

παλαιοανακτορικός που αναφέρεται στην εποχή των πρώτων ανακτόρων (2000-1700 π.Χ).

παραστάδα το όρθιο μέρος του πλαισίου μιας θύρας ή ενός παραθύρου.

πεσσός αρχιτεκτονικό υποστήριγμα τετράγωνης διατομής, συνήθως ξύλινο στην παλαιοανακτορική* περίοδο.

πίθος αγγείο, συχνά μεγάλων διαστάσεων, με πολλές σειρές λαβών, που προορίζεται για τη φύλαξη δημητριακών ή υγρών στις αποθήκες*.

πολύθυρον όρος της μινωικής αρχιτεκτονικής που αποδίδεται σε επίσημες αίθουσες με πολλαπλά ανοίγματα, τα οποία χωρίζονται με παραστάδες*· τα πολύθυρα συνδυάζονται συνήθως με στοές* και φωταγωγούς*.

προστώον ή πρόπυλο, προστέγασμα θύρας στηριζόμενο σε δύο κίονες*.

σιδερόπετρα πολύ σκληρός ασβεστόλιθος, χρώματος υποκύανου ή φαιού, που χρησιμοποιείται απελέκητος στην τοιχοποιία. Η κατεργασία του είναι πολύ πιο δύσκολη από εκείνην της αμμούδας* και σπάνια λαξεύεται σε κανονικές λιθοπλίνθους.

σπονδή τελετουργική προσφορά ενός υγρού που χύνεται από ένα αγγείο στο έδαφος ή μέσα σε άλλο αγγείο.

στοά	εξώστης με στέγη που υποβαστάζεται από κίονες* ή πεσσούς*.
συλλεκτήρας	αγγείο βυθισμένο στο δάπεδο μιας αποθήκης* για την περισυλλογή των υγρών της υπερχείλισης.
τρίτων	θαλασσινό κοχχύλι που βρίσκεται συχνά στην Κρήτη σε λατρευτικά σύνολα (μπορούσε να χρησιμεύει σαν σάλπιγγα ή αγγείο για σπονδές*)· μερικές φορές το μιμούνται σε πηλό ή σε λίθο.
υποδοχή στρόφιγγας	κοιλότητα, συνήθως ανοιγμένη σε κατώφλι, όπου εφαρμόζει η στρόφιγγα μιας θύρας.
υπόστυλη	αίθουσα που η οροφή της υποβαστάζεται από κίονες* ή πεσσούς*.
φωταγωγός	εσωτερικός υπαίθριος χώρος, που πλαισιώνεται συχνά από κιονοστοιχία· είχε σκοπό να εξασφαλίζει τον φωτισμό και τον αερισμό των μινωικών κτισμάτων.
Χαμαίζι	τοποθεσία της ανατολικής Κρήτης. Αγγεία «τύπου Χαμαιζίου» ονομάστηκαν τα μικρά μυροδοχεία με εγχάρακτη διακόσμηση στο λαιμό· κατασκευάζονταν στα Μάλια, πολλά παραδείγματα, όμως, βρέθηκαν επίσης στο Χαμαίζι.

ΒΙΒΛΙΟΓΡΑΦΙΑ

ΓΙΑ ΠΕΡΙΣΣΟΤΕΡΕΣ ΠΛΗΡΟΦΟΡΙΕΣ

Από τα δημοσιεύματα της Γαλλικής Αρχαιολογικής Σχολής Αθηνών, μια σειρά (*Études Crétoises*) είναι κυρίως αφιερωμένη στις ανασκαφές των Μαλίων· μπορεί κανείς να συμβουλευθεί ειδικότερα :

— για τη Συνοικία «Μ» :

J.-Cl. Poursat, J.-P. Olivier et L. Godart, *Le Quartier Mu I, ÉtCrét* XXIII (1978).

B. Detournay, J.-Cl. Poursat et F. Vandenabeele, *Le Quartier Mu II, ÉtCrét* XXVI (1980).

J.-Cl. Poursat (με τη συνεργασία των M. Schmid, J.-P. Olivier), *Le Quartier Mu III, ÉtCrét* 32 (1996).

— για το Ανάκτορο :

O. Pelon (με τη συνεργασία των E. Andersen, J.-P. Olivier), *Le palais de Malia V, ÉtCrét* XXV (1980).

— για την Υπόστυλη Κρύπτη :

M.-Cl. Amouretti, *La Crypte hypostyle, ÉtCrét* XVIII (1970).

— για τη Νεκρόπολη του Χρυσόλακκου :

P. Demargne, *Nécropoles I, ÉtCrét* VII (1945).

Τα αποτελέσματα των ανασκαφών παρουσιάζονται μετά από κάθε ανασκαφική περίοδο στις προκαταρκτικές εκθέσεις που δημοσιεύονται στο *Bulletin de Correspondance Hellénique* (Travaux de l'École française en Grèce). Στο ίδιο περιοδικό έχουν δημοσιευθεί πολλά άρθρα για τα Μάλια.

Άλλοι οδηγοί της Γαλλικής Αρχαιολογικής Σχολής :

— O. Pelon, *Guide de Malia. Le Palais et la Nécropole de Chrysolakkos* (1992).

— Cl. Tiré, H. van Effenterre, *Guide des fouilles françaises en Crète*² (1978).

Γενική μελέτη για το σύνολο του αρχαιολογικού χώρου :

— H. van Effenterre, *Le Palais de Mallia et la cité minoenne* (1980).

ΚΑΤΑΛΟΓΟΣ ΕΙΚΟΝΩΝ

Προέλευση εικόνων

Κατόψεις : Martin Schmid.
Σχέδια : Νίκος Σιγάλας (εικ. 4, 9, 35) και Ηρώ Αθανασιάδη (εικ. 11).
Ακουαρέλλα : Ηρώ Αθανασιάδη (εικ. 8).
Φωτογραφίες : Πολυτεχνείο Αθηνών (αεροφωτογραφία, εικ. 37). ΓΑΣ-
    É. Séraf (εικ. 3, 10, 16-23, 25-27, 31-32, 34, 36, οπισθόφυλλο).
    ΓΑΣ-Ph. Collet (εμπροσθόφυλλο, εικ. ***, 7, 39). ΓΑΣ-Γ. Ξυλούρης (εικ.
    14-15). ΓΑΣ-Μ. Schmid (εικ. 1, 28). ΓΑΣ-Α. Dessenne (εικ. 12, 38).
    ΓΑΣ-J.-Cl. Poursat (εικ. 29).

Υλοποίηση προπλάσματος (εικ. ***)

ΠΡΟΠΛΑΣΜΑ (Π. Αυλητής, Γ. Ταμπουράτζης - Αθήνα).

ΠΕΡΙΕΧΟΜΕΝΑ

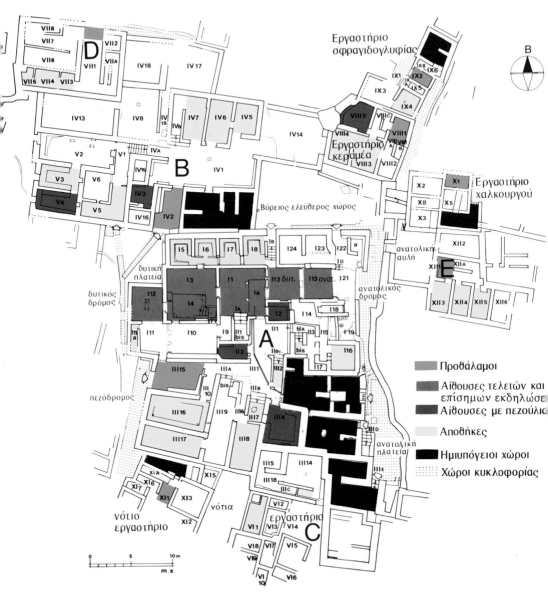

Εικ. 40. — Κάτοψη της Συνοικίας «Μ» (λειτουργικοί τομείς).

Εργαστήριο
σφραγιδογλυφίας

Εργαστήριο
κεραμέα

Εργαστήριο
χαλκουργού

ανατολική
αυλή

Βόρειος ελεύθερος χώρος

δυτική
πλατεία

δυτικός
δρόμος

ανατολικός
δρόμος

πεζόδρομος

ανατολική
πλατεία

νότιο
εργαστήριο

νότια
εργαστήριο

■ Προθάλαμοι

■ Αίθουσες τελετών και
επίσημων εκδηλώσε

■ Αίθουσες με πεζούλια

□ Αποθήκες

■ Ημιυπόγειοι χώροι

⋮ Χώροι κυκλοφορίας

0   5   10 m
m.s.

LAVAUZELLE GRAPHIC
IMPRIMERIE A. BONTEMPS
87350 PANAZOL (FRANCE)
Dépôt légal : Août 1996
Nᵒ imprimeur : 6046023-96